Praxis Kinderstimmbildung

Andreas Mohr

Praxis Kinderstimmbildung

123 Lieder und Kanons
mit praktischen Hinweisen
für die Chorprobe

SCHOTT

Mainz · London · Madrid · New York · Paris · Prag · Tokyo · Toronto

Studienbuch Musik

Bestellnummer: ED 8726

© 2004 Schott Musik International, Mainz
Printed in Germany · BSS 51229
ISBN 3-7957-8726-2
www.schott-music.com

Inhalt

Vorwort

Diese Sammlung von Liedern für die stimmbildnerische Arbeit mit Kindern und Jugendlichen stellt die Fortsetzung eines „Liederheftes für die Kinderstimmbildung" dar, das ich 1995 im Auftrag von „PUERI CANTORES – Diözesanverband Rottenburg-Stuttgart" zusammengestellt und herausgegeben hatte. In der Folgezeit und nach dem Erscheinen meines „Handbuchs der Kinderstimmbildung"[1] haben mich immer wieder Leiter von Kinder-, Jugend- und Erwachsenenchören nach weiteren Stimmbildungsliedern gefragt, so dass von Gertrude Wohlrab und mir in der Zwischenzeit eine ganze Reihe weiterer Lieder entstanden sind. Neuerscheinungen wie „Das Musizierliederbuch"[2] und „Das Kanon-Buch"[3] erschlossen zusätzliche Quellen. Eine Fülle neuer Veröffentlichungen ähnlicher Art zeigt, dass der Bedarf an gut singbaren Liedern groß ist. Allerdings sind solche Lieder für Kinder und Jugendliche nicht oder kaum mit dem Ziel stimmbildnerischer Einsatzmöglichkeiten entstanden.

So stelle ich hier eine erweiterte Sammlung von Liedern und Kanons vor, wieder systematisch geordnet nach stimmbildnerischen Einsatzgebieten, wie sie in der Kinder- und Jugendlichenstimmbildung sinnvoll erscheinen. Besonderen Wert wurde auf die richtige Tonlage gelegt, in der die Lieder stehen – manche aus anderen Publikationen übernommene Stücke wurden zu diesem Zweck in eine für die Kinderstimme passendere Tonart transponiert. Auch die Vielfalt der Formen war ein wichtiges Anliegen, wobei der Kanon in verschiedenen Gestalten aus guten pädagogischen Gründen nach wie vor im Vordergrund steht. Interessante neue Möglichkeiten sind hinzugekommen: der Rap erweist sich als wirksames Trainingsmittel für präzise Artikulation, das Refrainlied erschließt der technischen Übung mit stimmbildnerischen Silben neue Einsatzfelder. Texte und Kompositionen sind mit besonderer Sorgfalt auf die Akzeptanz durch Kinder erfunden, steht doch im Vordergrund aller stimmbildnerischer Arbeit der Spaß am Singen. Hier waren die Gedichte von Gertrude Wohlrab, insbesondere die witzigen „Metamorphosen", die speziell für die vorliegende Sammlung verfasst wurden, eine wahre Fundgrube.

---

1   Andreas Mohr, Handbuch der Kinderstimmbildung. Mainz: Schott 1997 (ED 8704)
2   Thomas Holland-Moritz und Rudolf Nykrin, Das Musizierliederbuch. Mainz: Schott 1996 (ED 8287)
3   Das Kanon-Buch. Mainz: Schott 1999 (ED 7588)

Für nahezu jeden stimmbildnerischen Zweck findet man ein Lied, oftmals sind die Lieder für mehrere stimmbildnerische Einsatzgebiete geeignet. Wo immer vorhanden wird auf solche Überschneidungen hingewiesen, zusätzlich erleichtert ein Register das Auffinden. Zusammen mit den Stimmbildungsliedern aus dem „Handbuch der Kinderstimmbildung" hat der Chor-/Singleiter oder Stimmbildner für die gesamte stimmbildnerische Arbeit mit Kindern Lieder zur Verfügung.

Viele der vorgelegten Lieder sind aber auch mit gutem Erfolg in Kindergruppen anwendbar, die nicht in erster Linie zum gemeinsamen Singen zusammenkommen wie beispielsweise Kindergartengruppen oder Gruppen in der Elementaren Musikpädagogik. Nicht zuletzt können die hier erschienenen Lieder und Kanons auch mit Freude und stimmbildnerischer Effizienz in vielen Erwachsenenchören gesungen werden.

Osnabrück, Dezember 2003
Andreas Mohr

Stimmbildnerische Maßnahmen im Kinderchor

Obwohl Kinder zum Zeitpunkt der Geburt über einen sehr großen Stimmumfang verfügen und diesen auch in den ersten beiden Lebensjahren sprechend und singend erproben, kommt es im weiteren Entwicklungsverlauf zu einem dramatischen Verlust an Singgewohnheit und Tonumfang. Die dafür verantwortlichen Ursachen liegen im allgemeinen Singverlust unserer Gesellschaft, der Singästhetik der Unterhaltungsmusik und dem häufig ungeschickten Singen mit Kindern in Elternhaus, Kindergarten, Kirche und Grundschule. Als Resultat solchen Umgangs mit der Kinderstimme kommen fast alle Kinder mit deutlich ausgeprägten Singdefiziten in die musikalischen Gruppen und Kinderchöre. Daher sind am Anfang die Inhalte stimmbildnerischer Arbeit für alle Kinder relativ ähnlich. Die wichtigsten stimmerzieherischen Maßnahmen lassen sich in sechs Arbeitsgebiete einteilen:

1. Haltung und Atmung

Fast alle Kinder ab etwa 3 Jahren haben die Fähigkeit verlernt, mit dem Zwerchfell zu atmen. Bei den meisten wird sogar deutlich Hochatmung mit extremen Schulterbewegungen vorherrschen. Ein ständiges Trainieren der elastisch-aufgerichteten Haltung und das Erzeugen einer vom Zwerchfell gesteuerten Atmung ist unbedingt notwendig.

2. Resonanz

Die natürliche Helligkeit der Kinderstimme ist oft durch nachlässige Haltung, falsche Atmung und ungeschickte Raumformung im Mund verfälscht. Die häufig beobachtete Bevorzugung von Ruf- und Schreistimme in viel zu tiefer Lage trägt zum flachen und plärrigen Klang der Kinderstimme bei. Unser Ziel muss sein, die weiten, dunklen Mundraumklänge zu fördern, die Nasalresonanz zu entwickeln und behutsam den Körperklang in die Stimmentwicklung einzubeziehen. So erhält die Kinderstimme wieder ihren typischen metallischen Glanz, ohne resonanzlos zu klingen.

3. Vokalisation

Den Kindern soll die Formung der Vokale bewusst gemacht werden, wobei Mundraumweitung und Mundöffnung trainiert werden können. Breitgezogene Lippen sind ebenso zu vermeiden wie allzu „schnutige" Formen. Alle Vokale sollen präzise geformt, aber nicht übertrieben werden. Schließlich ist im Sinne des Vokalausgleichs auf eine möglichst einheitliche Raumform aller Vokale zu achten.

4. Vordersitz und Instrumentweite

Weite im Hals und Singen „nach-vorne-oben" sind zwei gegensätzliche Einstellungen, die bewusst gemacht und trainiert werden können. Kinder neigen in höheren Singlagen zu Enge im Hals und Hochstand des Kehlkopfs. Hier ist an der Weitung des Halses und der relativen Tiefhaltung des Kehlkopfs zu arbeiten, ohne dabei zu verkrampfen oder den Vordersitz zu verlieren.

5. Artikulation

Die präzise Ausführung von Artikulationsbewegungen ist bei Kindern häufig mangelhaft ausgeprägt. Mit geeigneten Trainingsmethoden können falsche und überflüssige Artikulationsbewegungen abgebaut werden.

6. Register

Der schlimmste Registerfehler bei Kinderstimmen ist das Benutzen des Brustregisters in zu brutaler Form und in zu hoher Lage. Kinder singen häufig noch bis zum c^2 ungemischt bruststimmig. Sicherstes Erkennungsmerkmal dieser Singweise ist ein abrupter Klangwechsel oberhalb von ca. c^2, wo die Kinder in eine überluftete, viel leiser klingende Kopfstimme umschalten, wenn sie überhaupt höhere Töne verwenden. Unabdingbare Notwendigkeit in der Kinderstimmbildung ist das Rückführen des Brustregisters in die physiologisch richtige Lage (obere Grenze ca. f^1 !), Lockerung des Gesamtkörpers, Durchmischung des Brustregisters mit Randschwingung auch in der Tiefe durch Verzicht auf extreme Lautstärke, vor allem bei tieferen Tönen, und behutsames Trainieren der Stimme in höheren Lagen und leisen Dynamikgraden. Dies kann den Kindern zum bruchlosen Benutzen ihrer Stimme über den ganzen Umfang verhelfen und ihnen den Zugang zur hohen Lage wieder öffnen. Das Wecken eines Gefühls für das „Schön-Singen" sollte ohnehin oberstes Ziel der Stimmerziehung sein.

Lieder und Kanons
für bestimmte stimmbildnerische Einsatzgebiete

Die stimmbildnerische Arbeit vollzieht sich natürlich immer am ganzen Menschen und unter Einbeziehung des gesamten muskulären und organischen Geschehens im Körper. Alle hier mitgeteilten Lieder haben stimmbildnerische Auswirkungen auf das ganze Gesangsinstrument. Wenn dennoch eine Einteilung nach bestimmten Einsatzgebieten vorgenommen wird, so zeigt diese an, in welchem Einflussbereich das betreffende Lied seine stärkste Wirksamkeit entfaltet. Der Stimmbildner/Chorleiter wird die Lieder mit derselben Sorgfalt auswählen, wie er stimmbildnerische Übungen für definierte Zwecke benutzt.

Neben dem Hinweisbuchstaben **Z** (Zweck) wird die stimmbildnerische Wirkung beschrieben und auch auf weitere Wirksamkeiten hingewiesen. Ein Register am Ende des Buches erleichtert darüber hinaus die Zuordnung. Neben dem Hinweisbuchstaben **A** (Achtung) habe ich beschrieben, worauf bei der Ausführung besonders zu achten ist.

Mit voller Absicht enthält diese Sammlung Lieder in vielen verschiedenen Formen, die zahlreiche pädagogische Herangehensweisen ermöglichen. Einige dieser methodisch-didaktischen Ansätze möchte ich im folgenden kurz erläutern:

Lied

Die einfachste Form, mit einem Lied stimmbildnerisch zu arbeiten, ist das gemeinsame unbegleitete Singen. Jedoch können einzelne Liedzeilen auch abwechselnd von verschiedenen Gruppen oder Einzelnen ausgeführt sowie sich gegenseitig zugesungen werden.

Nachsinglied

Eine spezielle Art stellt das Nachsinglied dar. Hier wächst aus vorgesungener und nachgesungener Liedzeile allmählich ein ganzes Stück zusammen. Der Vorsänger wird in den meisten Fällen der Singleiter/Chorleiter sein, die Kinder bilden die nachsingende Gruppe. Wenn der Singleiter über eine gute Stimme verfügt, kann er mit Hilfe seines Vorsingens wesentliche stimmbildnerische Impulse geben und zu bewusster Nachahmung der vorgesungenen Zeile ermuntern.

Natürlich können Nachsinglieder auch von verschiedenen Gruppen gestaltet werden – beispielsweise als Echo-Lieder – oder indem einzelne Kinder den Vorsängerpart übernehmen. So sind sehr vielfältige und fruchtbringende stimmbildnerische Ansätze möglich.

Bewegungslied

Bei dieser Art von Liedern tritt zu dem gesungenen Part ein textlich oder musikalisch in Beziehung stehendes Bewegungsprogramm, das die Singenden während des Liedes mit vollziehen. Manchmal sind die Bewegungen im Text unmittelbar beschrieben, zuweilen erzählt der Text eine Geschichte, die pantomimisch mitgespielt werden kann. In Refrains solcher Lieder bietet sich häufig eine Art Tanzchoreografie an. Kleine mit der Singgruppe vorher abgesprochene Schrittfolgen oder in verschiedene Gruppen aufgeteilte Bewegungsaufgaben, die miteinander korrespondieren, bieten sich hier an, bis hin zu Bewegungsfolgen aus dem Jazztanz- oder Musicalbereich.

Bei allen Bewegungsaufgaben muss unbedingt darauf geachtet werden, dass trotz der Bewegungen immer richtig und aktiv gesungen wird, sonst zielt die stimmerzieherische Absicht ins Leere.

Refrainlied

Die Sammlung enthält einige Lieder mit an die Strophen angehängten Refrains, die keine Textworte enthalten, sondern stimmbildnerisch ausgesuchte Klangsilben. Diese Lieder kombinieren Beeinflussungsmöglichkeiten verschiedener Art. Zum einen benutzen sie Wirksamkeiten aus Text und Musik der Strophen, zum anderen werden in den Refrains Silben und Melodien im Sinne von stimmtechnischen Übungen verwendet. Solche Refrainlieder sind daher stimmbildnerisch besonders intensiv wirksam. Die Ausführung ist vielfältig möglich, z. B.:

* als Vorsinglied, bei dem der Übungsleiter die Strophen und die Kindergruppe den Refrain singt,
* als Sololied, bei dem ein Kind die Strophen vorträgt und alle den Refrain singen,
* als Gruppenlied, bei dem eine Kindergruppe die Strophen, eine andere den Refrain singt,
* als gemeinsames Lied, bei dem alle alles singen.

Kanon

Die musikpädagogischen Qualitäten des Kanons sind bekannt und bedürfen keiner Erläuterung oder Bestätigung. In der Stimmbildung zeigt der Kanon seine ganze Stärke. Eine der Kanonzeilen stellt meist eine wirksame stimmbildnerische Übung dar, vielfach ist diese Zeile noch ein zweites Mal im Kanon vorhanden durch Terz- oder Sext-Parallelenbildung. Die weiteren Kanonzeilen unterstützen meist die stimmbildnerische Absicht, so dass das ganze Stück dem stimmfördernden Zweck optimal zugute kommt (siehe auch Kapitel IX, S. 140).

Beim mehrstimmigen Singen halten ungeübte Kinder sich oft die Ohren zu, um sich vermeintlich von den um sie herum tönenden anderen Stimmen nicht irritieren zu lassen. Dies ist zwar verständlich, sollte aber keinesfalls geduldet werden. Besser ist es, anfangs die einzelnen Gruppen räumlich ein wenig von einander zu trennen, um das Gruppenbewusstsein zu stärken und die Klangeinwirkung der eigenen Gruppe gegenüber den Klängen der anderen dominieren zu lassen. Nach einiger Erfahrung mit der Mehrstimmigkeit ist jedoch auch bei jüngeren Kindern eine solche Maßnahme nicht mehr nötig. Auch kann die Kanon-Mehrstimmigkeit zuerst dadurch erreicht werden, dass der Singleiter die zweite Stimme übernimmt oder auf einem Instrument spielt, bis die Kinder sicher genug sind.

Sprechkanon

Besonders zur rhythmischen Erziehung und um artikulatorische Vorgänge zu trainieren, empfiehlt sich der Sprechkanon. Viele der rhythmisch etwas komplizierteren Kanons können auch zuerst nur gesprochen geübt werden. Bei Zungenbrechern empfiehlt sich diese Vorgehensweise besonders. Interessant ist auch der kombinierte Sprech- und Singkanon.

Nachlaufkanon

Eine spezielle Art des Kanons stellt der Nachlaufkanon dar. Hier läuft eine Stimme in kurzem Abstand hinter der anderen her, was Kindern oft besonders viel Spaß macht, weil die Machart dieser Stücke leicht durchschaubar ist. Die Aufteilung der Stimmen ist wieder auf verschiedene Art möglich – ähnlich wie beim Nachsinglied.

Mini – Rap

Die in diesem Buch enthaltenen Raps bestehen aus Sprechzeilen, die jeweils durch gesungene Refrains unterbrochen werden. Dies ermöglicht eine besonders intensive stimmbildnerische Wirksamkeit.

Da die Sprechzeilen relativ kurz sind, können sie am besten vom Singleiter oder einem Einzelnen vorgesprochen und von der Gruppe wiederholt werden. Den Refrain singen dann alle, eventuell auch wiederholt. Aber auch die Verteilung auf verschiedene Gruppen ist möglich genauso wie der solistische Vortrag der Textzeilen ohne Wiederholung durch die Gruppe. Dass bei solistischer Besetzung die einzelnen Sprecher/Sänger abwechseln sollten, ist selbstverständlich.

Bei der Arbeit mit stimmbildnerisch ausgewählten Liedern und Kanons ist das Auswendig-Singen von großer Bedeutung. Für Bewegungslieder ist dies sofort einsichtig, da die in den Liedern geforderten Körperbewegungen ja kaum mit Notenblättern in der Hand sinnvoll möglich sind. Aber auch bei Liedern mit anderen stimmbildnerischen Zielsetzungen stören die Notenblätter häufig. Die Lesehaltung mit geneigtem Kopf behindert eine elastisch aufrechte Singhaltung und zieht einen Teil der Aufmerksamkeit vom Singgeschehen ab. Wenn bei komplizierteren Stücken auf den Notentext nicht verzichtet werden kann, empfiehlt sich die Projektion mit einem Tageslichtprojektor. So halten die Kinder ihre Köpfe aufrecht und können neben dem Mitlesen auch die eventuellen gestischen Anweisungen des Chor-/Singleiters wahrnehmen. Natürlich ist das Auswendig-Singen dieser Hilfslösung immer vorzuziehen.

In diesem Buch erscheinen die Kanons in einem partiturähnlichen Notensatz, um das harmonische Geschehen durch Untereinander-Stellen der jeweils erklingenden Takte auch optisch deutlich erkennbar zu machen. An das anfänglich etwas ungewohnte Notenbild wird man sich rasch gewöhnen und die Vorteile des partiturartigen Überblicks zu schätzen wissen.

I. Körperhaltung und Bewegung

Singen mit Bewegung zu verbinden, ist eine bewährte Art, zu einer elastischen, von Verspannungen freien Tongebung zu gelangen. Besonders Kinder haben noch ein stark ausgeprägtes Bedürfnis sich zu bewegen. Dies muss dazu führen, immer wieder Kombinationen von Singen und Bewegung zu suchen und anzubieten.

Die elastisch aufgerichtete Körperhaltung, wie sie das Singen erfordert, ist gut mit leichter, den ganzen Körper einbeziehender Gymnastik zu erreichen, wobei einfachen und unmittelbar nachvollziehbaren Bewegungsabfolgen den Vorzug zu geben ist vor spezielleren und komplizierteren Übungen. Lieder, die mit Bewegungen gekoppelt sind, eignen sich in der Stimmbildung gut als Einstieg (Aufwärmen) und zur Auflockerung zwischen den Einstudierungsphasen in der Singstunde oder Chorprobe.

1. Arme und Beine
Bewegungslied

T: Gertrude Wohlrab/M: Andreas Mohr
© 2004 Schott Musik International, Mainz

Z Die Strophen des Liedes beschreiben die einfachen gymnastischen Bewegungen, die während des Singens geübt werden können. Dies dient der Lockerung des Körpers und bereitet ihn für die elastisch aufgerichtete Haltung beim Singen vor. Die schwungvolle Melodie unterstützt die schwingenden Bewegungen. Der Refrain wird ohne Bewegungen gesungen oder mündet in ein kleines Tanzspiel, das man mit den Kindern auch ohne das Lied als Bewegungsübung vorher einstudieren kann.

Beispiele:

Zwei konzentrische Kreise bilden, die sich gegenläufig bewegen.

Zwei Reihen bilden, die aufeinander zu und voneinander weg schreiten.

Paarweise eingehakt sich hüpfend drehen.

Im Sitzen schunkeln.

Auch zum Training lockerer und geläufiger Tongebung ist dieses Lied geeignet. Bei Höhertransposition (F-Dur) kann es auch als Schwungübung für die Höhe verwendet werden.

A Bei allen Liedern, in denen während des Singens gymnastische Bewegungen mitvollzogen werden, muss unbedingt darauf geachtet werden, dass die Bewegungen das Singen nicht behindern. Ebenso darf die Bereitschaft zum Singen während der Bewegungen nicht nachlassen oder gar aufhören.

Wenn dieses Lied als Übung für die Höhe verwendet wird, muss besonders darauf geachtet werden, dass die hohen Töne ganz locker aus der Schwungbewegung der Melodie heraus genommen werden. Keinesfalls pressen oder überlaut singen.

2. Auf der Pirsch

Bewegungslied

im Jagdfieber

1. Vom Baum hin - ab spähn wir um - her, ent - de - cken ei - nen
(2. Wir) klet - tern jetzt vom Baum hin - ab, sehr lei - se, das__ ist
(3. Und) lei - se schlei - chend wie ein Leu, ge - duckt im Step - pen-
(4. Nun) sprin - gen wir mit al - ler Kraft dicht auf die Beu - te

Hirsch.__ Der Ma - gen hängt uns ziem - lich leer, wir wol - len auf__ die
Pflicht.__ Das letz - te Stück noch und dann ab. Die Beu - te hört__ uns
- gras,__ sehn wir die Beu - te, die ist scheu, doch dient sie uns__ zum
zu.__ Doch ha - ben wir es nicht ge-schafft. Die Beu - te flieht_ im

Pirsch.__
nicht.__
Fraß.__ } 1.–4. So schlei - chen, so schlei - chen, so schlei - chen wir__ zur
Nu.__

| 1.-3. |

Jagd, zur Jagd, so schlei-chen, so schlei-chen, so schlei-chen wir_ zur Jagd.__

2. Wir
3. Und
4. Nun

| 4.

viel langsamer

Jagd.__ 2. Wir tra - ben trau - rig nun zu-rück und maun - zen leis__ und

fein.__ Er - rei - chen un - sern Baum zum Glück und schla - fen mü - de ein.__

T: Gertrude Wohlrab/M: Andreas Mohr
© 2004 Schott Musik International, Mainz

Z Bei diesem Jagdspiel dürfen die Kinder mit vielen verschiedenen Körperbewegungen mitmachen. So wird der ganze Körper gelockert und für das Singen bereitge-
macht. In der letzten Strophe können von einigen Kindern melodiebegleitend ganz
leise glissandoartige Summklänge in relativ hoher Lage produziert werden.

Die schwungvoll aufsteigenden Melodien ermöglichen auch ein leichtes Erreichen höherer Töne. Der rasch vorgetragene Text trainiert verspannungsfreie Artikulation.

A Immer locker und federnd leicht singen. Das „Jagdfieber" darf nicht zu unkontrol-
lierter Tongebung führen. Besonders die Strophenanfänge immer eher leise nehmen, um übertriebene Bruststimmigkeit zu vermeiden. Auch im Refrain nicht
schreien und die hohen Töne nicht herauspressen!

3. Bären-Bigband
Bewegungslied

T/M: Irmhild Ritter und Christa Schäfer
© 1998 Schott Musik International, Mainz

Z Ein Tanzlied für ganz junge Kinder. Die rasche syllabische Artikulation des Textes
ermöglicht lockeres, verspannungsfreies Singen. Die Klangsilben *du-bi* und *dum*
fördern das weiche Singen mit viel Randschwingung.

A Besonders bei den auf Klangsilben gesungenen Takten empfehlen sich Tanzspiele mit
Kreis- oder Reihenbewegungen. Die Takte 9 – 12 ermöglichen vielfältige Textunter-
legungen mit lautmalerischen Silben und Imitationen von Musikinstrumenten.

4. Bärenrapzap
Bewegungslied

Tapp, tapp, tapp, tapp, Bä-ren tan-zen Rap-zap, tapp, tapp, tapp, tapp, dre-hen sich im Kreis.

T/M: Christa Schäfer
© 1998 Schott Musik International, Mainz

Z Noch ein Tanzlied für ganz junge Kinder.

A Als Bewegungsspiel empfiehlt sich ein Abwechseln von Schreitfiguren bei der Klangsilbe *tapp* und Drehfiguren bei den Takten mit Achtelnoten.

5. Ferientag
Bewegungslied

1. Mor - gen - son - ne im Ge - sicht, aus dem
2. Jetzt aufs Fahr - rad und dann fort zu dem
3. Dann am See die Klei - der aus und ein
4. Ku - schelt sich ins Bett hin - ein, be - tet

Bett recht mun - ter, Kat - zen - wä - sche,
Freund ge - fah - ren und dann auf zum
Stück ge - schwom - men, ei - lig ra - delt
noch zur Nacht. Reckt die Glie - der

mehr auch nicht, schnell zum Früh - stück run - ter.
näch - sten Ort, Wind zaust in den Haa - ren.
man nach Haus, will noch pünkt - lich kom - men.
und schläft ein, bis der Mor - gen lacht.

T: Gertrude Wohlrab/M: Andreas Mohr
© 2004 Schott Musik International, Mainz

Z Ein Pantomimespiel zum Aufwärmen des Körpers. Die im Text angesprochenen Bewegungen werden entweder von allen Kindern während des Singens mit vollzogen oder auf vorher ausgemachte Rollen verteilt: eine Gruppe singt, während eine andere Gruppe die Szene spielt. Von Strophe zu Strophe kann gewechselt werden.

Die Melodieführung sowie die mit leichten Ligaturen versehene Textunterlegung ermöglicht in diesem Lied auch das Beherrschen höherer Lagen in unverspannter lockerer Tongebung.

A Sehr leicht und mit viel Schwung singen, aber dennoch alle Ligaturen gut binden. Keinesfalls dürfen die Bindungen durch *h* unterbrochen werden.

6. Musikalische Morgengymnastik
Bewegungslied

T/M: Thomas Holland-Moritz
© 1996 Schott Musik International, Mainz

Z Im ersten Teil des Liedes werden die im Text beschriebenen Bewegungen mit vollzogen, das lockert den gesamten Körper und bereitet gut für die elastisch aufgerichtete Haltung beim Singen vor. Der Refrain eignet sich wieder gut für ein Tanz-spiel.

A Alle Bewegungen müssen so kontrolliert ausgeführt werden, dass das gleichzeitige Singen dadurch nicht beeinträchtigt wird.

7. Nun stellt euch in der Reihe auf
Bewegungslied

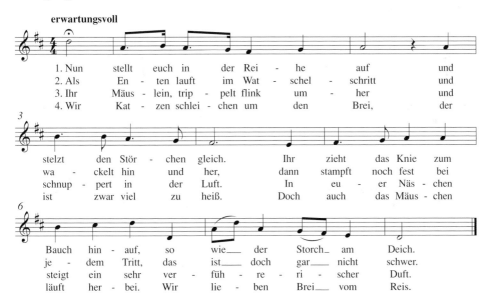

erwartungsvoll

1. Nun stellt euch in der Rei - he auf und
2. Als En - ten lauft im Wat - schel - schritt und
3. Ihr Mäus - lein, trip - pelt flink um - her und
4. Wir Kat - zen schlei - chen um den Brei, der

stelzt den Stör - chen gleich. Ihr zieht das Knie zum
wa - ckelt hin und her, dann stampft noch fest bei
schnup - pert in der Luft. In eu - er Näs - chen
ist zwar viel zu heiß. Doch auch das Mäus - chen

Bauch hin - auf, so wie___ der Storch___ am Deich.
je - dem Tritt, das ist___ doch gar___ nicht schwer.
steigt ein sehr ver - füh - re - ri - scher Duft.
läuft her - bei. Wir lie - ben Brei___ vom Reis.

T: Gertrude Wohlrab/M: Andreas Mohr
© 2004 Schott Musik International, Mainz

Z In diesem Lied werden unterschiedliche Arten des Gehens erprobt: stelzen, wat-scheln, stampfen, trippeln, schleichen und laufen. Dabei wird der ganze Körper auf verschiedene Weise gelockert und elastisch gespannt. Dies dient der Vorbereitung einer guten aufrechten Haltung beim Singen.

A Wie bei allen Bewegungsliedern ist grundsätzlich darauf zu achten, dass das Lied weiter gesungen wird, während die Kinder die im Lied beschriebenen Bewegungen ausführen. Die Fermate am Anfang der Strophe dient dazu, alle Kinder wieder in eine geeignete Ausgangsstellung zu bringen, aus der die nächste Gangart leicht begonnen werden kann.

8. O wie ist das Tanzen fein

Bewegungslied

T/M: überliefert
© 2004 Schott Musik International, Mainz

Z Ein Sprung- und Hüpflied für ganz junge Kinder. Die Melodie geht nach dem anfänglichen Sprung behutsam abwärts, und bei der Wiederholung der Zeile endet sie mit einem leichten Wiederanstieg. Dies ermöglicht eine lockere, federnde Parlando-Singweise und verhindert ein Umschalten in das Brustregister.

A Der Sextsprung am Liedanfang animiert zum Hüpfen und Springen, wenn das Tempo nicht zu rasch genommen wird.

9. Tausendschönchen

Nachlaufkanon

Dem Kind, dem Tau - send - schön - chen, setz ich ein gold' - nes

Krön - chen auf sei - nen_ blon - den Schopf. Es blickt stolz in die

Run - - de und neigt zu je - der Stun - - de gar

huld - voll sei - nen Kopf,_____ gar huld - voll sei - nen Kopf.

T: Gertrude Wohlrab/M: Andreas Mohr
© 2004 Schott Musik International, Mainz

Z Ein Bewegungslied für jüngere Kinder. Das metrische Schreiten fördert den erhobenen Brustkorb. Die Kopfbewegungen verhindern Verspannungen der Halswirbelsäulen- und Rückenmuskulatur. Die Gestaltung als Nachlaufkanon ermöglicht die Organisation von „Gänsemarsch-Schlangen", die hintereinander her schreiten, sowie unabhängige Bewegungsspiele zweier Singgruppen.

Auch als Übungslied für weiche Stimmgebung und Vordersitz geeignet.

Dieses Lied kann auch in D-Dur(!) gesungen werden.

A Das Tempo nicht zu rasch nehmen, damit die Schritte auf die Viertelnoten gesetzt werden können. Die beiden Stimmen werden am besten durch sich begegnende Gruppen oder konzentrische Kreise dargestellt, wobei aneinander vorbei gehende Kinder sich begrüßend zunicken.

Weitere Bewegungslieder
Die Töneschlange   151
Streifenhörnchen   134
Tschu tschu   34

II. Atembeherrschung und Training der Haltekräfte des Zwerchfells

Da das natürliche Ausströmen der Luft beim Ausatmen für das Singen gebremst werden muss, ist es nötig, solche Muskulaturen zu trainieren, die dieses Atemzurückhalten bewerkstelligen können, besonders die Zwerchfellmuskulatur, aber auch die Muskeln, die für die geweitete Haltung des Brustkorbs verantwortlich sind. Dies geschieht am besten durch ruckartiges Anhalten der Ausatmung bei plötzlich einsetzenden Pausen sowie durch Staccato-Passagen, bei denen der Körper ständig in Anhaltebereitschaft sein muss.

Während plötzlich auftretende Pausen in Kinderliedern öfter anzutreffen sind („Auf einem Baum ein Kuckuck saß", „Jetzt fahr'n wir über'n See", „Auf der Mauer" etc.), sind Staccato-Lieder relativ selten. Deshalb ist hier besonderer Wert auf diese Trainingsform gelegt. Staccato ist darüber hinaus ein hochwirksames Mittel zum Erlernen des tonreinen Singens. Da die Kürze der Töne keine nachträglichen Korrekturen zulässt, ist genaues Voraushören und -einstellen der Tonhöhenspannungen notwendig.

10. Annonce

Kanon zu vier Stimmen

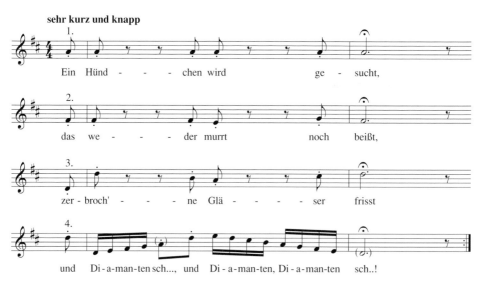

T: Johann Wolfgang von Goethe/M: Andreas Mohr
© 2004 Schott Musik International, Mainz

Z Ein witziger Kanon zum Trainieren der Haltekräfte des Zwerchfells. Die Achtelpausen fordern immer wieder das Zwerchfell zu ruckartigen Kontraktionen auf. In der letzten Kanonzeile kann das vom Textdichter verschwiegene Reimwort nach kurzem Ansprechen des *sch* durch plötzliches Luftanhalten stumm bleiben.

Der Kanon stellt auch eine gute Rhythmusübung dar und erzieht zur Geläufigkeit.

A Nicht laut singen, aber mit genauer rhythmischer Präzision. Das Tempo nicht zu schnell nehmen, damit die Sechzehntel-Läufe der letzten Kanonzeile locker perlend gelingen können.

11. Apfelkuchen
Kanon zu vier Stimmen

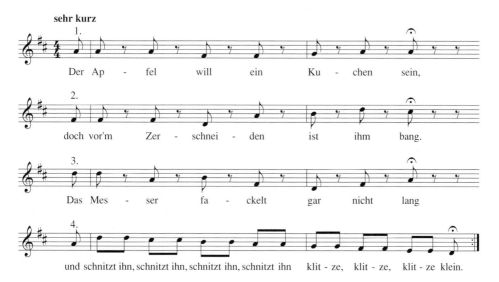

T:/M: Andreas Mohr
© 2004 Schott Musik International, Mainz

Z Ein witziger Text und eine konsequente Staccato-Gestaltung des Kanons ermöglichen auch jüngeren Kindern, die präzisen Tonhöheneinstellungen bald mit einer gut organisierten Zwerchfellbeherrschung zu verbinden. Die in jeder Zeile abwärts führenden Melodieanfänge fördern das lockere Singen mit Randschwingung.

Die letzte Kanonzeile stellt zusätzlich eine gute Übung für vordere Artikulation und Vordersitz mit gerundetem Lippenring dar und kann natürlich auch getrennt benutzt werden.

29

A Trotz aller Kürze der Töne darf die Intonation nicht vernachlässigt werden. Besonders die zweite und dritte Kanonzeile mit ihren Dreiklangsbrechungen stellen gute Übungsformen für Intonation dar. Es empfiehlt sich, bei der Einstudierung mit jüngeren Kindern mit der 4. Kanonzeile zu beginnen.

12. Der alte Kahn
Kanon zu fünf Stimmen

T: volkstümlich/M: Andreas Mohr
© 2004 Schott Musik International, Mainz

Z Der Kanon kombiniert lang ausgehaltene Legatolinien mit kräftig rhythmisierten punktierten Passagen. Dies erfordert verschiedene Arten der Muskelanspannung und trainiert die ständige Bereitschaft des Zwerchfells, sich entsprechend der musikalischen Aussage anzuspannen oder zu lockern.

Darüber hinaus stellt dieser Kanon auch eine vorzügliche Übung für den Vokal *a* dar, der wegen der weich gesungenen Legatolinien einerseits und des federnden Rhythmus' andererseits locker vorne gehalten werden kann.

A Zur Disziplinierung der Phrasenbildung und zum Training des ruhig fließenden Atems kann auch zuerst nur die erste (Legato-)Hälfte des Kanons gesungen werden. Allerdings nützt die rhythmisierte zweite Hälfte auch dem Legatosingen. Der drittletzte Takt des Kanons ist *subito legato* zu singen, was die Bereitschaft des Zwerchfells zu verschiedenen Spannungen besonders gut trainiert.

13. Der Picker
Zweistimmiges Staccatolied

T/M: Gertrude Wohlrab und Andreas Mohr
© 2004 Schott Musik International, Mainz

Z Dieses Staccatolied dient der Innervation der Zwerchfellmuskulatur sowie dem Training der Haltekräfte. Während der Achtelpausen werden der Atem an- und das ganze Instrument weit gehalten.

Auch zum Trainieren des Vordersitzes ist das Lied gut geeignet.

Die Zweistimmigkeit erzieht zu noch sorgfältigerer rhythmischer Präzision, weil die kurzen Achtelnoten genau gleichzeitig erklingen müssen.

A Die beim Anhalten des Atems während der Pausen wahrgenommene Kraft soll bei den kurzen Tönen nicht wieder nachlassen, sondern während des ganzen Stücks erhalten bleiben. Das Lied langsam genug singen und keinesfalls während des Singens schneller werden, da sonst die Zwerchfell-Haltekraft während der Pausen nicht genügend erspürt werden kann.

Die kurzen Staccatotöne gut artikulieren und mit leicht gespitzten Lippen quasi „ausspucken".

14. Mit viel Wucht

Kanon zu vier Stimmen

T: volkstümlich/M: Andreas Mohr
© 2004 Schott Musik International, Mainz

Z Übungskanon für die Balance zwischen elastischer Bauchmuskulaturspannung und Zwerchfellhaltekraft. Die Pausen in Takt 1, 3 und 5 dienen der Haltekraft des Zwerchfells, die Akzente auf den gebundenen Figuren, insbesondere auf den Achtelnoten, sollen im Legato erfolgen.

Guter Übungskanon auch für Intonation.

A In den Pausen von Takt 1, 3 und 5 den Atem anhalten, keinesfalls aus- aber auch nicht einatmen. Die Akzente immer innerhalb der Legatolinie mit leichten Bauchmuskulaturkontraktionen setzen. Keinesfalls ganz absetzen! Nicht brutal singen.

15. Schnirkelschnecke

Kanon zu vier Stimmen

T: Gertrude Wohlrab/M: Andreas Mohr
© 2004 Schott Musik International, Mainz

Z Alle vier Kanonzeilen sind jeweils in der Mitte durch eine Pause in zwei kürzere Abschnitte unterteilt. Diese Pause soll nicht zum Aus- oder Einatmen verwendet werden, sondern zum Anhalten des Atems und um das Instrument staunend weit zu halten. Dadurch wird die Kraft der Zwerchfellmuskulatur gestärkt und ein Gefühl für die Haltespannung vermittelt. So erfahren die Kinder die atemzurückhaltende Zwerchfellkraft und können sie auch beim Singen einzusetzen versuchen. Im ersten Teil des Kanons wird diese Haltekraft durch aufsteigende Melodieverläufe unterstützt. Im zweiten Teil sorgen absteigende Melodieteile für eine leichte Erschwerung des muskulären Geschehens.

Natürlich ist der Kanon auch gut für weiche Stimmgebung, Legatosingen und Randschwingung einzusetzen.

A Die Zwerchfellkontraktion nach den Haltepausen nicht gleich aufgeben, sondern mit weit gespanntem Atemgefäß wieder anfangen zu singen. Dabei den Körper elastisch locker lassen, nicht verkrampfen.

16. Tschu tschu

Kanon zu sechs Stimmen (auslaufend)

Tschu tschu tschu tschu   tscho tscho tscho tscho   tscha tscha tscha tscha   tschi
(Sprechen)

1. Früh schon am Mor-gen war-ten die Zü - ge drau-ßen vor dem Bahn-hof auf den Start.
2. Hört, wie sie schnau-fen, hört, wie sie fau-chen,und schon sau-sen wir schnell wie der Wind.

Pfeifen!

Und jetzt kommt der Schaff-ner mit der grü - nen Kel - le,   end - lich geht es los!
Al - le an - dern müs - sen vor den Schran-ken war-ten,   denn jetzt kom-men wir!

Tschu tschu tschu tschu tscho tscho   tscho tscho tscha tscha   tscha tscha tschi tschi   tschi

Deutscher Text: Rudolf Nykrin/M: Aus Frankreich
© 1996 Schott Musik International, Mainz

Z Besonders der gesprochene Refrain mit dem anlautenden *tsch* stellt eine vorzügliche Übung für die kurzen, präzisen Bauchmuskulaturkontraktionen dar, die den
reflektorisch einsetzenden Gegenbewegungen des Zwerchfells vorausgehen. Dabei
ist die Verwendung der Übungssilben in Verbindung mit dem Lied der bloßen
Sprechübung vorzuziehen, weil so die Bewegungen der Atemmuskulaturen gleich
in Beziehung zum Singen trainiert werden.

Auch als Bewegungslied zu verwenden.

Das Lied wurde nach F-Dur transponiert, um bei den gesungenen Liedzeilen eine
mittlere Körperspannung zu erzeugen. Zu lasche Muskelspannungen einerseits oder
aber die Gefahr allzu einseitig bruststimmiger Singweise andererseits lassen die Originaltonart D-Dur für den hier angestrebten Übungszweck nicht geeignet erscheinen.

A Die Bauchdeckenkontraktionen nicht gewaltsam erzwingen! Alles muss sehr spielerisch geschehen, damit keine verkrampften Muskelbewegungen entstehen. Bei
jüngeren Kindern ist häufig zu beobachten, dass sie vor lauter Konzentration die

Bewegungenfolge gerade umgekehrt realisieren. Dann ist es besser, ganz auf Bewusstmachung zu verzichten und wieder zum Spiel zurückzukehren.

Die Klangsilbe mit dem anlautenden *tsch* kraftvoll und vor allem kurz genug artikulieren, um die gewünschte Gegenbewegung des Zwerchfells sicher zu provozieren. Aber natürlich auch nicht zu stark aspirieren.

Weitere Lieder zum Atemtraining

Als ich früh erwachte   149

Alta Trinità beata   63

Auch Betten können müde sein   85

Auf Rosen gebettet   128

Das Wetter   146

Dein doofes Cabrio   72

Denn seine Gnade und Wahrheit   152

Der grüne Drache   63

Der Sultan hat gegähnt   56

Die Kuh hat bunte Schuhe an   57

Die Töneschlange   151

Ein Hoch dem Geistesblitz   147

Falsch   120

Fischwarnung   68

Fortschritt   130

Frühblüher   148

Frühlingsboten   131

Herr, deine Güte reicht   38

Im Anfang war das Wort   88

Im Himmel   143

Irrtum   144

Kugelfisch   45

Leck mich im Angesicht   90

Mönchsrobbe   58

Morgenstund hat Gold im Mund   145

Säuselnde Winde   46

Schlammspringer   150

Seestern   47

Siehe, ich bin bei euch   69

Steppenwolf   116

Tula tula   40

Vale   64

Vielleicht   138

Waschen – brrr!   65

Weberknecht   50

Wer wirklich gütig ist   52

Wildschwein   96

Zum Einschlafen   41

III. Weiche Stimmgebung, Randschwingung, Legato

Ein wichtiges Ziel der Stimmbildung mit Kindern ist die Vermittlung einer weichen, von der Randschwingung ausgehenden Stimmgebung. Die oft gepressten, kreischenden oder plärrigen Klänge singender Kinder sind meist das Resultat einer auch in höherer Lage stark bruststimmigen Singweise mit eher breiter, flacher Resonanz. Längliche Vokaleinstellungen mit runder Lippenform und weitem Mundinnenraum helfen dazu, den Stimmklang zu entschärfen. Dunkle Vokale, lang ausgespannte Melodiebögen und Verzicht auf übergroße Lautstärke ermöglichen das Singen mit Randschwingung. Konsequentes Vermeiden des Brustregisters in zu hoher Lage (oberhalb von f^1) ist ohnehin zwingend nötig, um die Stimmen der Kinder gesund zu halten.

17. Eidechse
Kanon zu vier Stimmen

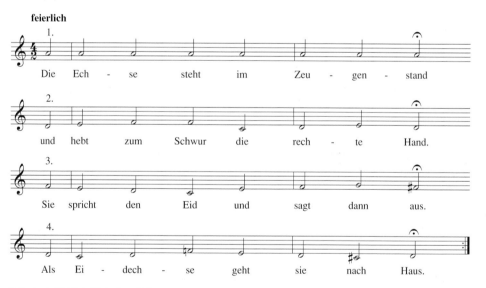

T: Gertrude Wohlrab/M: Andreas Mohr

Z Lange Notenwerte und eine lange, langsame Phrase zwingen zu gesteuerter, dosierter Stimmgebung. Die relativ tiefe Lage und der feierliche Charakter von Text und Musik ermöglichen eine weiche, von der Randschwingung der Stimmfalten bestimmte Klanggebung, jedoch nur, wenn leise genug gesungen wird. Besonders in der ersten Zeile mit ihren Tonwiederholungen kann der gewünschte Klang gut kontrolliert werden.

Auch für das Üben des Vokalausgleichs ist dieser Kanon geeignet, da bei den langsamen und dicht beieinander liegenden Repetitionen und Tonfortschreitungen die Vereinheitlichung der Vokalräume gut gelingen kann.

A Nicht laut singen! Die tiefe Lage kann zu bruststimmiger Singweise verführen, wenn nicht behutsam genug gesungen wird. Jedoch auch nicht höher transponieren, weil sonst der weiche Stimmklang wegen der erhöhten Stimmfaltenspannung schwerer erzeugt werden kann, da die Melodien so langsam und metrisch gleichmäßig gebaut sind. Sorgfältig zuhören und harte, reibende Klänge sofort korrigieren, aber auch nicht verluftet oder ohne Körperspannung singen.

18. Gebet
Kanon zu sechs Stimmen

Dei - ne Lie - be macht uns Mut, dei - ne Gü - te, un - ser Gut.

Gott, o Herr, ver-giss uns nicht, wollst uns füh - ren in das Licht,

nimm uns an__ in dei - ner Huld___ und ver - gib_ uns uns - re Schuld.

T: Gertrude Wohlrab/M: Andreas Mohr
© 2004 Schott Musik International, Mainz

Z Eine weich schwingende Melodie sowie ein inniger Text ermöglichen eine entsprechende Tongebung. Besonders die seufzerartige Melodik der 5. und 6. Kanonzeile unterstützt den kopfstimmigen Charakter. Der relative große Stimmumfang dieses Kanons hilft dazu, diese Klanglichkeit auch in die Extremlagen zu transportieren. So kann der Sprung zum zweigestrichenen *f* in der 4. Kanonzeile locker und ohne Pressen gelingen und der vordere Stimmsitz beim Hinabsteigen zum kleinen *b* in der 6. Zeile gut beibehalten werden.

A Die Seufzervorhalte in der 5. und 6. Kanonzeile dicht gebunden singen und den Dissonanzen im mehrstimmigen Klang nicht ausweichen.

19. Herr, deine Güte reicht

Kanon zu vier Stimmen

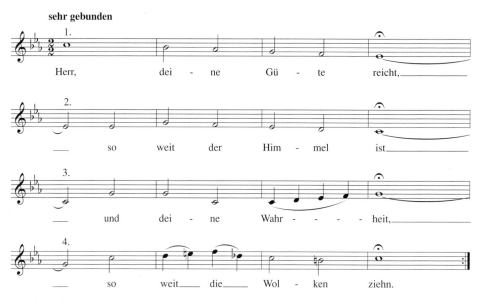

T: Psalm 36, 6/M: Andreas Mohr
© 2004 Schott Musik International, Mainz

Z Meist stufengängige Melodik in langsamen, metrischen Schritten – im ersten Teil des Kanons absteigend, im zweiten Teil eher aufsteigend – hilft den Atem für das Legatosingen sorgfältig zu formen und zurückzuhalten. Die übergebundenen Schlusstöne zwingen zu erhöhter Aufmerksamkeit auf die Atemdisziplin an Zeilenenden. Der Sitz des Vokals *a* wird gut vorbereitet durch die vorne gebildeten Konsonanten, vor allem das mehrfach vorkommende *w*.

Der Kanon stellt ebenso eine Übung für den Vokalausgleich sowie für den Diphthong *ei* dar.

A In tiefer Lage (2. und 3. Kanonzeile) locker und ohne Druck singen. Vordersitz mit nach unten nehmen und nicht in Brustregister umschalten. Unterkiefer locker fallen lassen, besonders bei den Vokalen *a*, *o* und *ä*.

20. Sommertag

Kanon zu vier Stimmen

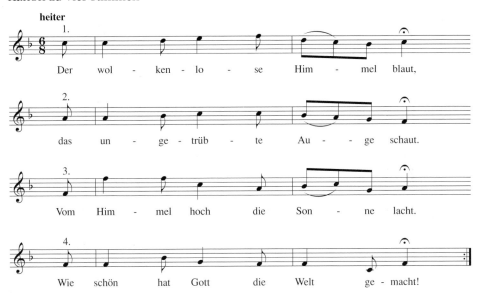

T: Georg Klippel/M: Andreas Mohr
© 2004 Schott Musik International, Mainz

Z Der empfindsame Text und die schwingende Melodie verhelfen zu elastischer, schwungvoller Singweise. Die fein abgestimmte Mischung aus dunklen, den Mundraum weitenden und hellen, hoch resonanzierenden Vokalen im Text ermöglicht eine schlanke Stimmgebung, die den Oktavsprung am Anfang der 3. Kanonzeile gut vorbereitet.

A Mit innerer Fröhlichkeit singen, aber den Mund dabei nicht in Breite ziehen. Der in der Stimmbildung oft geforderte „Lächelklang" darf nicht zu breiter, flacher Mundresonanz führen, sondern will vor allem die Nasalresonanz fördern, dies jedoch mit gerundeten Lippen, um die Weite des Mundraums in den Klang der Stimme mit einzubeziehen. Das schwingende Legato wird am leichtesten erreicht, wenn man bei der Einstudierung mit der letzten Kanonzeile beginnt.

21. Tula tula

Tu-la tu - la tu tu-la tu - la, tu-la tul' umt wan-na-mi tu - la tu - la. Tu-la

tu - la tu tu-la tu - la, tu-la tul' umt wa-na-mi tu-la tu. Mach die

Au - gen zu,— mein Kind und schlaf in Ruh,— das Dun - kel deckt— die bun-ten

Flu - ren zu,— und die Ster - ne leuch - ten an dem Him - mels-zelt,— der

Mond schaut fried - lich auf die dunk - le Welt.— Al - les sinkt— in

tie - fe Ruh,— Kind, nun schlaf— auch du. Al - les sinkt— in

tie - fe Ruh,— Kind, nun schlaf— auch du. Tu-la tu - la tu tu-la

tu - la, tu - la tul' umt wan-na - mi tu - la tu - la. Tu-la

tu - la tu tu-la tu - la, tu-la tul' umt wa-na-mi tu-la tu.

Deutscher Text: Andreas Mohr/M: Zulu Wiegenlied
© 2004 Schott Musik International, Mainz

Z Vor allem der Refrain mit seinen vielen *u*-Lauten und der anheimelnd schmeichelnden, pentatonischen Melodik, die vorwiegend abwärts führt, ist ein vorzügliches Hilfsmittel, um Randschwingung zu erzeugen. Das ganze Lied vermittelt eine weiche, warme Klanglichkeit mit viel Mundresonanz, bei der die Kinder kaum zu plärriger Singweise verleitet werden.

Natürlich kann mit diesem Lied auch gut der Vokal *u* und der Vokalausgleich zwischen *u* und *a* geübt werden.

A Das *u* nicht verhaucht singen. Insbesondere bei der Klangsilbe *tula* das *t* nicht zu kräftig behauchen, damit das *u* nicht überluftet wird. Das *a* mit der runden Mundstellung des *u* formen, und die Lippen nicht breit ziehen.

22. Zum Einschlafen
Kanon zu vier Stimmen

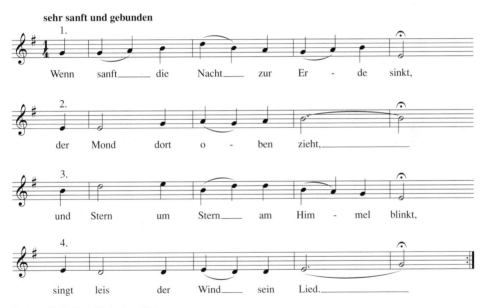

T: Gertrude Wohlrab/M: Andreas Mohr

Z Pentatonischer Kanon für weiche Legatobindungen und lang ausgehaltene Schlusstöne.

Die vielen vorne gebildeten anlautenden Konsonanten helfen auch, den Vordersitz zu sichern, ebenso wie die häufig vorkommenden hellen Vokale von *a* aus den Vokalausgleich befördern können.

A Leise, weich und sehr gebunden singen. Die Vokale mit gut geweitetem Mundraum (*a*-Weite) lang genug halten und quasi durch die Konsonanten hindurch binden.

Weitere Lieder für weiche Stimmgebung, Randschwingung und Legato

IV. Resonanzweckung im Kopf, Vordersitz, Weite

Um locker und unverspannt singen zu können, ist es nötig, die Stimmgebung von allen Schnür- und Druckaktivitäten im Hals zu entlasten und ein Gefühl für das Singen mit den Kopfräumen zu vermitteln. Dabei ist einerseits wichtig, den Klang der Stimme immer in die vorderen oberen Resonanzräume des Kopfes zu leiten und andererseits, den Hals weit und den Kehlkopf locker gesenkt zu halten (Gähn-Staun-Weite).

Kopfresonanz und Vordersitz

23. Kaiman
Refrainlied

Mit Anteilnahme

N_____ N_____

N_____ N_____ Ein

Mann ver-liert sein__ zwei-tes N_____ beim Ba - den__ in__ den Fahr-rin-nen.

N_____ N_____

N_____ N_____ Zu -

-rück am Kai ist__ er ein Man,__ ge-nau - ge - nom-men ein__ Kai - man!

T: Gertrude Wohlrab/M: Andreas Mohr
© 2004 Schott Musik International, Mainz

Z Mit diesem Refrainlied trainiert man günstig die Nasalresonanz und den Vordersitz der Stimme. Der Summrefrain erschließt mit dem Klinger *n* die hohen vorderen Resonanzen und ist melodisch so gestaltet, dass er von oben nach unten führend den Vordersitz in tiefere Lagen transportiert. Der Text des Liedes erleichtert durch die häufige Verwendung der Klinger *m* und *n*, auch in den tieferen Lagen, aus denen die Zeilen beginnen, den hohen Sitz der Stimme beizubehalten.

A Das *n* locker im weiten Mundraum bilden, die Zunge nicht an die Wurzeln der oberen Schneidezähne anpressen, sondern nur leicht anlegen. Den Klang der Stimme nicht gewaltsam in die Nase drängen, nicht näseln! Den Text des Liedes deutlich sprechen, dabei den Unterkiefer immer mitbewegen. Das Wort *Man* am Ende der dritten Textzeile ist selbstverständlich mit langem *a* zu sprechen: <ma:n>.

Die chromatisch absteigende Melodik des Refrains mit besonderer Aufmerksamkeit auf die Atembeherrschung singen. Genau intonieren.

24. Kugelfisch

Kanon zu vier Stimmen

T: Gertrude Wohlrab/M: Andreas Mohr
© 2004 Schott Musik International, Mainz

Z Häufig vorkommende vorne gebildete Anfangskonsonanten helfen, alle Vokale gleichmäßig weit vorne oben im Ansatzrohr zu platzieren, was besonders bei *a*, *o* und *u* Schwierigkeiten bereitet. Die vorwiegend von oben kommende, seufzerartige Melodie sowie der schwungvolle Tangorhythmus dienen ebenfalls dem Vordersitz der Stimme. Gleichzeitig sorgen die Pausen für eine gute Haltespannung der Zwerchfellmuskulatur.

A Der prägnante Rhythmus verführt zu übertriebenem Konsonantismus, es ist also darauf zu achten, dass die Vokale stets klangvoll und lang genug gesungen werden.

Die letzte Kanonzeile nicht hart und gepresst singen, sondern immer den schwungvollen Tangocharakter beibehalten.

25. Morgengebet

Kanon zu vier Stimmen

Seg - ne, Va-ter, die-se Stun - de. Seg - ne, Va - ter, die-sen Tag.

Seg - ne, was ich heut be - gin - ne. Seg - ne mich und wen ich mag.

T/M: Andreas Mohr
© 2004 Schott Musik International, Mainz

Z Stimmhaftes *s*, vorne gebildetes *w* und *f*, die Klinger *m* und *n* sowie eine von oben nach unten führende Melodie sind die Vordersitz und Kopfstimme fördernden Elemente dieses sehr einfachen Kanons. Geschicktes Abwechseln zwischen langen Legatotönen und locker aufeinander folgenden Parlando-Achteln unterstützt die unverspannt vordere Singweise.

A Die Achtel nicht zu kurz, sondern gut gebunden singen. Den ganzen Kanon eher langsam, quasi meditativ nehmen. Wenn möglich, immer zwei Kanonzeilen auf einen Atem singen.

26. Säuselnde Winde

Kanon zu vier Stimmen

Säu - - - - seln - de Win - - - - de,

lei - se we - hen sie und sacht,

brin - - - gen dem Kind - - de

ei - ne gu - te, gu - te Nacht.

T/M: Andreas Mohr
© 2004 Schott Musik International, Mainz

Z Aus stimmhaftem *s* und *w* sowie vorwiegend hellen Vokalen besteht das phonetische Material, das in Verbindung mit der girlandenartigen Melodik ein gutes Hilfsmittel für Vordersitz und Nasalresonanz darstellt.

A Leise und sehr gebunden singen, den Atem weich fließen lassen.

27. Seestern
Kanon zu vier Stimmen

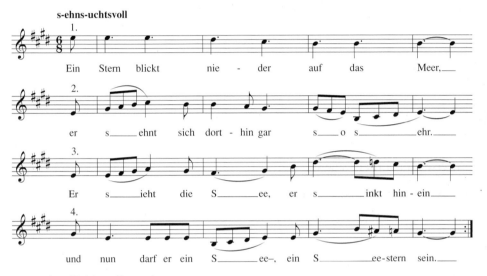

T: Gertrude Wohlrab/M: Andreas Mohr
© 2004 Schott Musik International, Mainz

Z Der Kanon stellt eine Studie für das Erlernen des stimmhaften *s* dar. Besonders süddeutschen Kindern fällt es sehr schwer, Summklänge mit dem *s* zu gestalten. Lautmalerisch können sie die *s*-Klänge erproben und den Vordersitz der Stimme sichern. Die erste Kanonzeile ermöglicht, die Stimme hoch im Kopf anzusetzen und den Vordersitz in tiefere Lagen zu transportieren. Im Laufe des Kanons werden immer tiefere Lagen erreicht und durch die Spielerei mit dem stimmhaften *s* klanglich vorne gehalten. Erfahrungsgemäß macht der Kanon den Kindern viel Spaß, wenn sie das stimmhafte *s* erst einmal beherrschen.

Natürlich kann der Kanon auch ohne die Summübung mit „normal langen" *s*-Lauten gesungen werden.

A Die richtige Artikulation des Konsonanten *s* mit der Zungenspitze an den Wurzeln der unteren Schneidezähne muss zuerst sicher erübt worden sein. Auf keinen Fall die Zungenspitze zwischen die Zähne geraten lassen!

28. Sing together

Kanon zu drei Stimmen

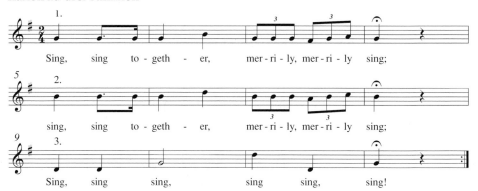

T/M: mündlich überliefert
© 1999 Schott Musik International, Mainz

Z Die hellen Vokale offenes *e* und *i* sowie das den Nasenrachen weitende *ng* helfen, die Stimme vorne oben zu platzieren. Die federnden Triolen-Achtel auf dem Wort *merrily* lockern Unterkiefer und Zungenspitze.

A Sehr schwingend und locker musizieren, am besten mit leicht tänzerisch begleitenden Körperbewegungen. Natürlich darf in diesem Kanon das anlautende *s* nicht stimmhaft, sondern muss gemäß der englischen Aussprache stimmlos, also scharf gesprochen werden.

29. Singet dem Herrn

Kanon zu drei Stimmen

T: Psalm 98,1/M: anonym
© 2004 Schott Musik International, Mainz

Z Die phonetischen Bestandteile des Wortes *singet* werden in der Stimmbildung gerne verwendet, um den Klang der Stimme nach vorne-oben zu lenken. Vordere Artikulationen und Resonanzen (*s, i, t*) sowie der nasalierende Klinger *ng* sind dafür ein ausgezeichnetes Mittel. Die fünfmalige Wiederholung des Wortes auf schwingend fließender Melodik in oberer Mittellage stellt ein hervorragendes Übungspotential dar. Die Melodik der 3. Kanonzeile ist zwar nicht so schwungvoll, der absteigende Quintsprung ist – eingeleitet durch das *ng* – gut gegen ungehemmten Einsatz des Brustregisters gesichert.

A Das Wort *singet* mit stimmhaftem *s* weich beginnen. Trotz der intensiven Nasalraumbeeinflussung das lockere Öffnen des Mundes nicht vernachlässigen. Der Unterkiefer darf nicht unbeweglich werden, und im Mund muss immer genügend Raum vorhanden sein, um flache Klänge zu vermeiden. Achtung: die Endsilbe des Wortes *singet* nicht betonen.

30. Vertrauen
Kanon zu vier Stimmen

T: Gertrude Wohlrab/M: Andreas Mohr
© 2004 Schott Musik International, Mainz

Z Viele vorne gebildete Konsonanten und helle Vokale sind das phonetische Material dieses Kanons. In Verbindung mit der in der oberen Mittellage sanft schwingenden Melodie lässt sich der Vordersitz gut trainieren.

Die wiegenliedartige und harmonisch einfache Struktur des Kanons verhilft zu sensiblem Legatosingen und weicher Stimmgebung mit hohem Randschwingungsanteil auch bei den hellen Vokalen des Textes.

A Nicht schnell, sondern mit intensivem Legato und gleichmäßiger Atemführung singen.

31. Weberknecht

Kanon zu vier Stimmen

T: Gertrude Wohlrab/M: Andreas Mohr
© 2004 Schott Musik International, Mainz

Z Vorne gebildete Konsonanten und weite Vokale in Verbindung mit der ernsten, aus Tonwiederholungen und weitgehend stufengängigen Tonfortschreitungen bestehenden Moll-Melodie dienen dazu, die Resonanz in den Kopfräumen auch in tieferen Lagen der Stimme gut spüren zu lernen.

Weiche Stimmgebung, Legatosingen und Vokalausgleich sind weitere stimmbildnerische Merkmale dieses Kanons.

A Langsam und mit guten Bindungen singen.

32. Wenn ich weiß, was du weißt

Kanon zu drei Stimmen

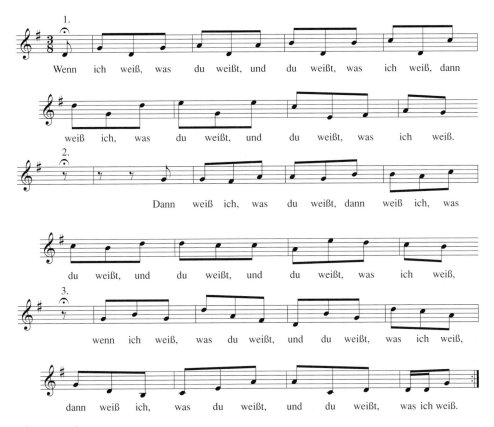

T/M: Franz Lachner
© 1999 Schott Musik International, Mainz

Z Anlautendes *w* in Verbindung mit hellen Vokalen und locker federnden Sprüngen macht die Stimmgebung leicht und fördert den Vordersitz. Die wechselnden Textbetonungen legen den Schwerpunkt immer wieder auf andere Artikulationsvorgänge und lockern dadurch zusätzlich.

Dieser nicht ganz einfache Kanon ist auch ein vorzügliches Trainingsmittel für präzise vordere Artikulation in Verbindung mit genauer Intonation.

A Nicht laut singen. Zuerst den Sprachrhythmus ohne Melodie üben. Die kurzen Achtelsprünge locker *parlando* und *non legato* singen. Dabei sorgfältig auf die richtige Intonation achten.

33. Wer wirklich gütig ist

Kanon zu vier Stimmen

Wer__ wirk - lich gü - tig__ ist, kann nie un - glück - lich sein.

Wer__ wirk - lich wei - se__ ist, kann nie ver - wirrt wer - den.

Wer wirk - lich tap - fer ist, fürch - tet sich nie.

T: Konfuzius/M: Andreas Mohr
© 2004 Schott Musik International, Mainz

Z Abwärtsführende Seufzermelodik und anlautendes *w* sind die stimmbildnerischen Merkmale dieses Kanons und können den Vordersitz in die Tiefe transportieren.

A Das w mit Bewusstsein für den vorderen Sitz bilden und die Vokale dicht an das *w* anschließen. Weich und schwingend *legato* singen. Die 2. Kanonzeile muss trotz der tiefen Lage genau so weich bleiben wie die erste.

34. Wir Wiener Waschweiber

Kanon zu vier Stimmen

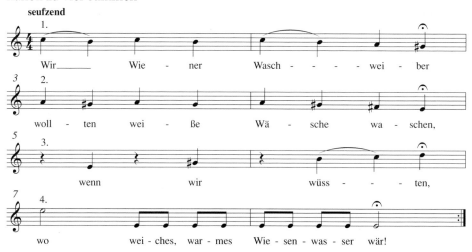

Wir_____ Wie - ner Wasch - - - wei - ber

woll - ten wei - ße Wä - sche wa - schen,

wenn wir wüss - - - ten,

wo wei - ches, war - mes Wie - sen - was - ser wär!

T: volkstümlich/M: Andreas Mohr
© 2004 Schott Musik International, Mainz

Z Die *w*-Alliterationen im Text dienen vorzüglich dem Vordersitz der Stimme. Die seufzend absteigende, zweitönige Melodiefigur, aus der die beiden ersten Zeilen des Kanons bestehen, hilft, den Vordersitz in die unteren Lagen des Stimmumfangs zu transportieren. Die Pausen sowie der aufsteigende Septakkord in der dritten Kanon-zeile sorgen für präzise Tongebung und Stabilisierung des trainierten Stimmsitzes. Die Repetitionen der letzten Zeile helfen, die Artikulation locker zu bilden und mit der Stimme leicht und unverspannt umzugehen.

Der Kanon ist auch als Artikulationsübung für Lippen- und Zungenspitzentraining sowie für den Vokal *i* geeignet.

A Langsam genug singen und stets den seufzend klagenden Klang beibehalten.

Weitere Lieder für Vordersitz

Apfelkuchen   29

Dein Wort ist meines Fußes Leuchte   86

Der Picker   31

Finsternis   122

Fischwarnung   68

Fliegenfänger Fridolin   111

Frühstück à la Rossini   122

Glühwürmchen   78

Heute gehn wir in den Zoo   107

Im Anfang war das Wort   88

Im Himmel   143

Irrtum   144

Kätzchens Pech   75

Kühl, nicht lau   123

Machet die Tore weit   90

Meerschweinchens Auferstehung   66

Mein weißes Seidenhemd   81

Mückenstich   101

Persische Sprichwörter   59

Siehe, ich bin bei euch   69

Steppenwolf   116

Tausendschönchen   27

Venus   136

Viva la musica   93

Weine nicht, Aline   69

Wir reiten geschwinde   109

Zum Einschlafen   41

Weite

35. Das ist die Not der schweren Zeit

Kanon zu vier Stimmen

T: Adelbert von Chamisso/M: Andreas Mohr
© 2004 Schott Musik International, Mainz

Z Der in allen vier Kanonzeilen gleiche Textanfang bereitet jeweils mit dem gut geöffneten *a* auf langem Ton die Weite im Mund- und Schlundraum vor. Die Wörter *Not*,
schwer und *Zeit* tauschen in den verschiedenen Zeilen ihre Plätze, werden jedoch
immer mit dem gleichen Ton gesungen (*Not* auf dem Ton *f*, *schwer* auf dem Ton *b*,
Zeit auf dem Ton *d*). Dies hilft, die Instrumentweite konsequent beizubehalten.

Auch für den Vokalausgleich der Vokale *a* (*ei*), *e* und *o* ist der Kanon vorzüglich
geeignet.

A Sehr legato singen und alle Vokale „durch die Konsonanten hindurch" binden.

36. Das Krokodil

Nachlaufkanon zu zwei Stimmen (auslaufend)

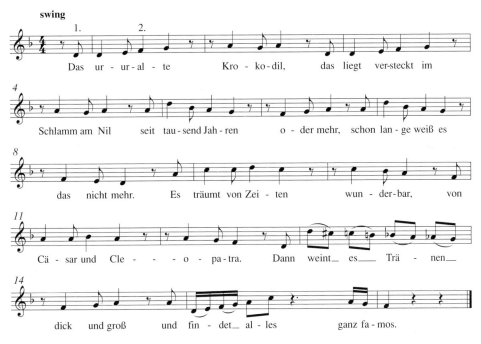

T/M: Andreas Mohr
© 2004 Schott Musik International, Mainz

Z Mit aufsteigenden Melodien und dunklen Vokalen beginnt dieser Nachlaufkanon, um die staunend geweiteten Resonanzräume auch in höheren Lagen beibehalten zu lernen. Immer wieder wird mit weiten Vokalen für den nötigen Raum in Hals und Kehle gesorgt. Auch mit den in jeder Zeile plötzlich auftauchenden Pausen kann diese Gähn-/Staunweite neu aktiviert werden. Am Ende des Kanons soll dann die erreichte Weite auch bei kurzen Notenwerten und rascher Artikulation beibehalten werden.

Der Kanon ist gleichermaßen für die Förderung von weicher Tongebung, Legato und als Intonationstraining geeignet.

A Vor Beginn staunend weit einatmen. Alle Vokale, besonders auf den langen Noten bewusst weit und lang aushalten und so den weit gedehnten Resonanzraum spüren lernen.

37. Der Sultan hat gegähnt

Kanon zu drei Stimmen

1. Pflicht - schul - digst gäh - net, ihr Ge -

- treu - en! Der gro - ße Sul - tan hat ge - gähnt,

2. gähnt, ___

___ doch würd' ein Lä - cheln ihn er - freu - en, würd' ein Lä - cheln ihn er - freu -
- freun.

3. - en, so lacht, bis euch ___ das ___ Au - ge ___

tränt, so lacht, bis euch das Au - ge, das Au - ge tränt!

T: August von Kotzebue/M: Friedrich Kuhlau
© 1999 Schott Musik International, Mainz

Z Dieser bekannte Kanon kann besonders gut benutzt werden, um die Gähn-/Staunweite zu trainieren. In den ersten beiden Kanonzeilen ist dies durch realistische Gähnklänge im Sinne von lautmalerischer Klangunterstützung möglich. Im zweiten Teil des Kanons muss dann die erzeugte Instrumentweite auch bei den Achtelbewegungen beibehalten werden.

Auch zum Erüben einer rund geöffneten Vokalform für das *ä* geeignet.

A Die Gähneinstellung nicht so stark übertreiben, dass der Vordersitz der Stimme verloren geht und der Klang kehlig wird.

38. Die Kuh hat bunte Schuhe an

Nachlaufkanon zu zwei Stimmen

perpetuum mobile

Die Kuh___ hat bun - te Schu - he an, wo -
- durch sie bes - ser tan - zen kann. Sie dreht sich im - mer -
- zu___ im Krei - se und singt da - zu ganz fein___ und lei - se:

beliebig oft wiederholen

T: volkstümlich/M: Andreas Mohr
© 2004 Schott Musik International, Mainz

Z Der Text enthält am Anfang gehäuft Wörter, in denen der Vokal *u* mit seiner natür-
licherweise vorhandenen Weite im Hals vorkommt. In einer über eine Dezime
ansteigenden Tonleiter wird diese Weite in die höheren Lagen der Stimme transportiert. Die weich schwingende, sehr leise gesungene Melodie und das ständige
Kreisen der „Perpetuum-mobile-Form" des Kanons unterstützen suggestiv das Weit-
halten.

Der Kanon ist ebenfalls geeignet, um weiche Stimmgebung zu erzielen und die
Randschwingung zu sichern.

A Unbedingt leise genug singen, am besten eine geheimnisvolle Stimmung erzeugen,
in der auch das ewige Kreisen des Kanons besonders gut gelingen kann. Am Ende
kann mit einer Fermate auf dem Wort *Kuh* aufgehört oder aber ins *pianissimo* aus-
geblendet werden.

39. Mönchsrobbe

Kanon zu vier Stimmen

Die Rob - be tritt___ ins_ Klo - ster ein.___

Ihr Geist_ ist wil - - - lig, ihr Herz___ ist_ rein.

Und nach ih - rer No - vi - zen - zeit___

wird sie als Mönchs-rob - be___ ge - weiht.___

T: Gertrude Wohlrab/M: Andreas Mohr
© 2004 Schott Musik International, Mainz

Z Mit diesem Kanon lassen sich mehrere stimmbildnerische Absichten verfolgen.
- Lang ausgehaltene Vokale mit erhöhter Aufmerksamkeit auf die Mundresonanz fördern die Instrumentweite und verhindern das kehlige Singen.
- Die langen Zeilen dienen der Atemregulierung und dem Legatosingen.
- Der beständige Wechsel von langen und kürzeren Tönen verlangt besondere Sorgfalt bei den Tonenden und intensiviert die für die Tonverbindungen notwendige Randschwingung.
- Wegen der vielen langen Töne lassen sich Vokalisation und Vokalausgleich gut trainieren.

A Bei allen Bindungen den Klangstrom nie abreißen lassen, die Töne also nicht mit *h* trennen. Sehr weich und nicht laut singen, besonders die absteigende Linie zu Beginn der 3. Kanonzeile mit weitem Mundraum und sehr *legato* nehmen.

40. Persische Sprichwörter

Ganzton-Kanon zu vier Stimmen

1. Wer sich im Zorn er - hebt, legt sich mit Scha - den nie - der.

2. Wer sei - ne Schran-ken kennt, kann sie auch ü - ber - win - den.

3. Wer den Geist ver - höhnt, zer - reißt der See - le Vor - hang.

4. Wer sei - ne See - le kennt, der kennt auch sei - nen Herrn.

T: überliefert/M: Andreas Mohr
© 2004 Schott Musik International, Mainz

Z Streng stufengängige Ganztonmelodik in langsamem *legato* sowie ein Text mit vie-len vorne gebildeten Konsonanten und einer Häufung von *e*-Lauten bilden das stimmbildnerische Material dieses Weite und Vordersitz fördernden Kanons, der vor allem für ältere Kinder und Jugendliche geeignet ist.

A Staunend weit einatmen. Mit dem in allen Zeilen am Anfang stehenden *w* den Vordersitz der Stimme vorbereiten und im strengen *legato* die Hals- und Kehlweite beibehalten.

41. Schäfchenwolken

Nachlaufkanon zu zwei Stimmen (auslaufend)

vor dem Einschlafen zu singen

1. Schäf-chen - wol - ken zie - hen__ lei - - - se um die
2. Dun - kel - heit wird nie - der - sin - - - ken, und der

wei - te, wei - te__ Welt, ma-chen ei - ne wei - te__
Tag neigt sich__ zur__ Ruh. Ster - ne schim - mern, blin - zeln,__

Rei - - se dort am ho - hen__ Him - mels - zelt.
blin - - ken. Mond schenkt mil - des__ Licht__ da - zu.

T: Gertrude Wohlrab/M: Andreas Mohr
© 2004 Schott Musik International, Mainz

Z Ein Nachlaufkanon für die Weite und warme, runde Klanggebung. Der Diphthong *ei* und die vorne gebildeten Konsonanten *sch*, *w* und *m* erzeugen eine gute Mundraumweite und können in Verbindung mit der weich schwingenden, von oben kommenden Melodie das kehlige Singen verhindern. Der Aufschwung am Ende des Liedes kann auch als Trainingsübung für die Höhe verwendet werden. Das *o* im Wort *hohen* bereitet die notwendige Weite für die hohen Töne vor und verhindert bei gleich bleibender Mundraumweite das Engwerden des *i* im Wort *Himmelszelt*. In der 2. Strophe kann dann bei der Textstelle *mildes Licht* kontrolliert werden, wie sicher die Mundraumweite für die Höhe bereits erworben ist.

A Nicht schnell singen, aber sehr gebunden. Keinesfalls die Bindungen mit *h* trennen! Auch in der Schlusszeile nicht lauter werden, sondern den Aufschwung weich federnd und mit guter Mundraumweite nehmen.

Weitere Lieder für Weite

V. Vokalisation und Vokalausgleich

Texte mit gehäuftem Vorkommen eines einzelnen Vokals eignen sich gut dazu, die präzisen Einstellungen für Mundraum und Lippenform zu erüben. Solche Texte sind auch deshalb technischen Übungssilben vorzuziehen, weil hier für mehr Lockerung der Artikulationsmuskulaturen gesorgt wird als bei den schematisch abwechselnden Vokalen und Konsonanten von Übungssilben. Der daraus resultierende mögliche Mangel an Effizienz wird durch die motivierendere Gestalt der Übungslieder kompensiert.

Bei einigen Liedern habe ich Refrains mit besonders wirksamen stimmbildnerischen Übungssilben verwendet, um beide Vorgehensweisen optimal zu kombinieren. Besonders diese Refrainlieder weisen vielfältige Ausführungsmöglichkeiten auf (zur Methodik und Didaktik siehe auch S. 16).

Vokal A

Hauptziel der stimmbildnerischen Beeinflussung muss sein, den Vokal zu runden, d. h. von breit gezogenen Lippenstellungen zu befreien, die dem *a* einen plärrigen Klang verleihen. Jedoch führt übertriebene Rundung, insbesondere mit stark schnutig geschürzten Lippen, zu abgedunkelten *a*-Klängen, die aber durch Kombination des *a* mit *o* und *u* gut vermieden werden können. Aufreißen des Mundes ist ebenso zu vermeiden wie zu geringer Unterkieferfall. Wichtig ist vor allem ein großer runder Raum im Mund, also hinter der Mundöffnung, die selbst gar nicht besonders weit sein muss. Eine zu große Mundöffnung des *a* führt häufig zu einer rückwärtigen Verlagerung des Zungenmuskels, so dass zwischen Kehlkopf und Zunge eine zu innige Verbindung zustande kommt, die den Klang der Stimme „knödelartig" verengt. Hier ist durch Kombination des *a* mit zungenbeschäftigenden Konsonanten Abhilfe zu schaffen.

42. Alta Trinità beata

Al - ta— Tri - ni - tà be - a - ta, da noi— sem - pre— ad - o - ra - ta.

Tri - ni - tà glo - ri - o - sa, u - ni - tà ma - ra - vi - glio - sa.

Tu sei— man - na— sa - po - ro - sa e tut - ta de - si - de - ro - sa.

T: anonym/M: aus Italien, 15. Jh.
© 2004 Schott Musik International, Mainz

Z Besonders die Kombination von *a* mit *o* und *u* hilft, das *a* im rund geöffneten Mundraum zu formen und die Breitstellung der Lippen zu vermeiden.

Auch als Übung für Legatosingen und für Vokalausgleich verwendbar.

A Sehr langsam und gebunden singen. Trotz runder Lippenstellung die helle Klang-
färbung der italienischen Sprache wahrnehmen und beibehalten.

43. Der grüne Drache
Kanon zu vier Stimmen

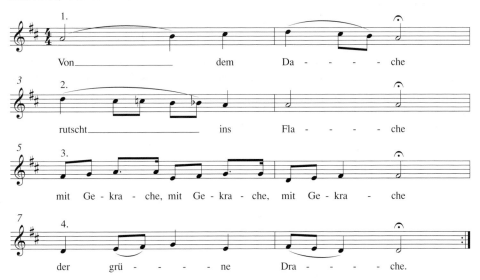

Von_____ dem Da - - - che

rutscht_____ ins Fla - - - che

mit Ge - kra - che, mit Ge - kra - che, mit Ge - kra - che

der grü - - - ne Dra - - - che.

T: volkstümlich/M: Andreas Mohr
© 2004 Schott Musik International, Mainz

Z Der Text setzt vor den Vokal *a* die Konsonanten *d, fl, kr* und *dr*. Die Kanonmelodie hilft, den Vordersitz des Vokals unter verschiedensten Bedingungen zu üben. Da das *a* immer im Reimwort am Zeilenende auftaucht, ist es klanglich leicht wahrnehmbar und entsprechend gut zu reproduzieren.

Der Kanon ist wegen der Staccati in der 3. Zeile auch zur Bewusstmachung der Zwerchfellbeweglichkeit sowie wegen der Chromatik in der 2. Zeile zum Intonationstraining geeignet.

A Zungenspitzen-*R* verwenden. *K* und *ch* nicht zu weit hinten artikulieren (der Zungenrücken hebt sich gegen den Gaumen, nicht rückwärts gegen das Gaumensegel!).

44. Vale
Kanon zu fünf Stimmen

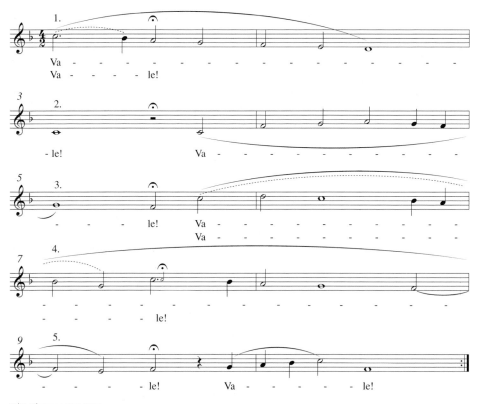

T/M: Clemens non Papa
© 1952 Schott Musik International, Mainz

Z Der Kanon stellt eine *a*-Vokalise dar, die geeignet ist, das Beibehalten der gleichen Artikulationsform des Vokals über länger ausgehaltene Melodiebögen zu üben.

Auch für den Registerausgleich geeignet.

A Man muss darauf achten, dass während des Singens der Mundraum nicht allmählich immer kleiner wird (der Mund heimlich geschlossen wird). Das *a* immer wieder neu am Gaumen entlang zu den oberen Schneidezähnen führen und mit den leicht gerundeten Lippen greifen.

In der tieferen Lage keinesfalls in Brustregister umschalten, sondern eher leiser werden und immer mit gutem vorderen Sitz des Vokals singen.

45. Waschen – brrr!
Nachlaufkanon zu zwei Stimmen (auslaufend)

T: Gertrude Wohlrab/M: Andreas Mohr
© 2004 Schott Musik International, Mainz

Z Ein Nachlaufkanon zur Überprüfung, wie gesichert die runde Vokalform des *a* bereits ist. Die sehr prägnant rhythmische Form der Melodie lässt breite oder flache *a*-Laute kaum zu, wenn die runde Form voreingestellt ist und federnd genug gesungen wird. Die rhythmisch „gegen den Strich" gehenden lautmalerischen Achtelpunktierungen auf dem Wort *fürchterlich* stellen eine zusätzliche Schwierigkeit dar, die die Aufmerksamkeit vom Vokalgeschehen ablenkt.

Die Punktierungen können auch gut als Übung zum Zwerchfelltraining benutzt werden.

A Nicht zu langsam singen und immer scharf punktieren. Gut sprechen.

Weitere Übungslieder für den Vokal A

Vokal E

Der Vokal *e* gehört – wie der Vokal *i* – zu den schwierig zu bildenden Lauten, weil sich der Zungenrücken breit gegen den Gaumen hebt und dadurch wenig Platz für Resonanz im Mundraum lässt. Dies trifft besonders für das geschlossene *e* zu, das durch Rundung der Lippen und Unterkieferfall von dem flachen und manchmal auch kehlengen Klang befreit werden muss.

46. Meerschweinchens Auferstehung

Refrainlied

nach - dem sie schlie - fen, er - wach - ten sie wie - der. Nee, nee, nee, nee,

nee, nee, nee, nee, nee, nee, nee, nee, nee, nee,— nee,— nee.

T/M: Andreas Mohr
© 2004 Schott Musik International, Mainz

Z In diesem Refrainlied ist besondere Aufmerksamkeit auf das lange geschlossene *e* sowie auf die schwach-unbetonten *e*-Laute in den Endsilben gelegt. Das offene *e* wird mit einem eigenen Refrainlied geübt (siehe S. 75: Umlaut Ä).

Die weiche Moll-Melodie und der geheimnisvolle Text erleichtern die Rundung des Vokals und helfen, breite oder flache *e*-Klänge zu vermeiden. Der Refrain fordert zu präziser hoher Resonanzeinstellung heraus. Mit der Silbe *nee* kann die runde Vokalform intensiv geübt werden.

A Im Refrain nicht näseln oder die Zungenspitze an den harten Gaumen anpressen. Trotz der stark nasal resonanzierenden Silbe die runde Mundform nicht aufgeben.

Weitere Lieder für den Vokal E
Morgengebet 46   Seestern   47

Vokal I

Der Vokal *i* gehört zu den schwierigsten beim Singen, weil bei ihm der Mundraum wegen des gehobenen Zungenrückens sehr verengt, und der Kehlkopf durch den starken Zungenrückenhub oft nach oben gezogen wird. Eine runde, leicht schnutige Lippenstellung hilft dazu, dem *i* die spitze Schärfe zu nehmen. Dabei ist besonders darauf zu achten, dass der hintere Mundraum seine Gähn-/Staunweite behält, und der Kehlkopf eine tief-hängende Position einnimmt.

Alle diese Raumeinstellungen sind schwierig zu erarbeiten. Besonders bei technischen Übungen mit schematisch aufeinander folgenden *i*-Lauten ist oft mit Verengung des Ansatzrohrs und Verspannung der Zungen- bzw. Lippenmuskulatur zu rechnen. Deshalb bietet sich für das *i*-Training ganz besonders das Übungs-Lied an, weil hier die artikulierenden Muskulaturen immer wieder in verschiedenste Spannungen und Stellungen wechseln und daher jedes Mal entspannt in die *i*-Form zurückkehren können.

47. Fischwarnung

Kanon zu vier Stimmen

hungrig

1. Ist_____ der Fisch auch frisch, auch frisch, auch frisch? So_____

2. _____ frag - te ich bei Tisch, bei Tisch.

3. Wenn_____ der Fisch erst äl - ter ist,

4. man_____ ihn lie - ber nicht mehr isst!

T/M: Andreas Mohr
© 2004 Schott Musik International, Mainz

Z Wechsel zwischen lang ausgehaltenen Formen von offenem *i* und schnellen rhythmischen Figuren bestimmen den Übungscharakter dieses Kanons. Die richtigen *i*-Einstellungen können locker und elastisch angesprungen werden.

Die Zungenbrecher-ähnlichen Textwiederholungen auf punktierte Melodiepassagen machen den Kanon auch zu einer guten Artikulationsübung und helfen, den Sitz der Stimme vorne oben zu halten.

A Kein Glottis-Schlag beim Einsatz, d. h.: aus der Hauchstellung heraus beherzt beginnen.

48. Siehe, ich bin bei euch

Ganztonkanon zu vier Stimmen

T: Matth. 28, 20/M: Andreas Mohr
© 2004 Schott Musik International, Mainz

Z Genaues Hinhören und der durch die Ganztonmelodik geförderte vordere Sitz der Stimme ermöglichen einen weichen, runden *i*-Klang. Die abwärts verlaufende Melodik erleichtert das Singen in lockerer Randschwingung. Die vorne gebildeten anlautenden Konsonanten *s*, *b*, *t* helfen, die Vokale immer wieder vorne oben anzusetzen.

Dank der ungewohnten Ganztonmelodik ist der Kanon natürlich auch eine vorzügliche Intonationsübung.

A Sehr gebunden singen und keinesfalls laut! Stimmhaftes *s* benutzen und bei *alle* den Vokalansatz ohne Glottis-Schlag bilden.

49. Weine nicht, Aline

Refrainlied

9
Dji* a dji_ a dji a_____ dji a dji_ a dji a_____

13
dji a dji_ a dji a_____ dji_ a dji a dji a._____

17
„Bist du dir denn_ so zu-wi-der," fragt die Tan-te Tri - ne mild,

21
„reiß doch die Gar-di-ne nie-der, lieb-lich ist dein Spie-gel-bild."

25
Dji a dji_ a dji a_____ dji a dji_ a dji a_____

29
dji a dji_ a dji a_____ dji_ a dji a dji a._____

33
„Nein!" er-wi-dert sie er-hitzt, „Mei-ne Zwil-lings - schwes-ter Ri - ta

37
hat beim Cast - ing für »E-vi-ta« mir die Rol - le_ weg-sti-bitzt!"

41
Don't cry for me,_ A - li - ne,_____ wei-ne nicht,_ A - li - ne,_____

45
Don't cry for me,_ A - li - ne,_____ wei - ne nicht,_ A - li - ne._____

*dji – gesprochen *dschi* mit stimmhaftem *sch*

T: Gertrude Wohlrab und Andreas Mohr/M: Andreas Mohr
© 2004 Schott Musik International, Mainz

Z In diesem Refrainlied wird das *i* auf verschiedene Weise geübt: im Text taucht geschlossenes und offenes *i* in vielfältigen Verbindungen auf, so dass die Vokale immer wieder neu geformt werden. Dies ermöglicht lockere und verspannungsfreie Bewegungen der Artikulationsmuskulatur. Im Refrain wird geschlossenes *i* mit vorne gebildeten Konsonanten und öffnendem *a* als Trainingssilbe für die notwendige Mundraumweite kombiniert.

Vordersitz- und Nasalresonanzqualitäten runden die stimmbildnerische Wirksamkeit ab.

A Die Refrainsilbe *dji* (mit stimmhaftem *sch* gesprochen) im weitem Mundraum mit gerundetem Lippenring bilden. Der Unterkiefer muss sich zum *a* nach unten bewegen. Lippen nicht breit ziehen.

Weitere Lieder für den Vokal I
Finsternis 122
Wir Wiener Waschweiber   52

Vokal O

Die Formung des Vokals *o* bereitet erfahrungsgemäß Kindern kaum Schwierigkeiten, da es durch natürliches Öffnen des Mundes nach unten und leichtes Runden des Lippenrings sofort zu schöner Klanglichkeit gebracht werden kann. Beim Wechsel zwischen geschlossenem und offenem *o* ist darauf zu achten, dass die Rundung der Lippen nicht aufgegeben wird, und das offene *o* dann zu sehr nach *a* klingt.

Der bei Knaben unmittelbar nach der Mutation und bei männlichen Erwachsenen häufig beobachtete „Knödel" bei der Bildung des Vokals *o*, d. h. der Druckkontakt zwischen Zungenwurzel und Kehlkopf ist bei Kindern vor der Mutation seltener anzutreffen.

50. Dein doofes Cabrio

Kanon zu vier Stimmen

dramatisch

1. Bromm, bromm, bromm, bromm, horch, der grol-len - de Don-ner dort,

2. bromm, bromm, bromm, bromm, Blit - ze zu-cken von o - ben.

3. Aus den Wol - ken fort und fort Was - ser - strö - me to - ben.

4. Doch dein doo - fes Ca - bri - o fährt ja oh-ne Ver-deck. O!

T/M: Andreas Mohr
© 2004 Schott Musik International, Mainz

Z Die Klangsilbe *bromm* hilft, das offene *o* rund genug zu halten. In Verbindung mit dem Zungenspitzen-*R* kann der Vordersitz des Vokals günstig beeinflusst werden. Die Dramatik von Text und Musik suggeriert eine kraftvolle Singweise und dient neben dem Stabilitätstraining für den Vokal *o* auch dem Registerausgleich der Stimme, wobei die Zwerchfellaktivität durch die Pausen intensiviert wird.

A Nicht brutal singen und in der 2. und 3. Kanonzeile die Endsilbe von *o-ben* und *to-ben* nicht betonen. Die 4. Zeile etwas leiser und mit leicht amüsiertem Tonfall singen, damit die tiefen Töne nicht isoliert bruststimmig werden.

51. Wer Gutes tut

Kanon zu drei Stimmen

T: Sprichwort/M: Friedrich Silcher
© 1999 Schott Musik International, Mainz

Z Lange Töne und Melismen auf dem Wort *frohen* dienen der Formung und Stabilität des *o*. Optimal vorbereitet wird die lippengerundete *o*-Form durch das zweimalige *u* im vorangehenden Text *wer Gutes tut*. So kann auch der Vokalausgleich zwischen *u, o* und *a* gelingen.

Da mit Hilfe von *u* und *o* die weiche Stimmgebung gefördert wird und die Stimmfalten eine eher von Randschwingung geprägte Gestalt annehmen, ist dieser Kanon auch geeignet, in der tiefen Lage schlank und mit Randschwingung singen zu lernen.

A Gut gebunden singen, kein *h* zwischen den Tönen!

Weiteres Lied für den Vokal O
Tomatensalat   113

Vokal U

Das U neigt zu dumpfer, halsiger Klanglichkeit, wenn der Lippenring zu krampf-haft zur Schnute geformt ist und dadurch der vordere Mundinnenraum zu klein wird. Auch kommt es häufig zu unschönen Luftgeräuschen am Lippenring. Zudem drückt die Zungenwurzel oft gegen den Kehlkopf, was zu „knödelndem" Klang führt.

Bei U-Übungen ist die Gefahr von Verspannungen der mimischen Muskulatur besonders groß, wenn nicht durch Vokal- bzw. Konsonantenwechsel für Entspan-nung gesorgt wird; so wird hier das Refrainlied wieder zum stimmbildnerischen Mittel der Wahl.

52. Spuk im Flur

Refrainlied

gespenstisch

Hu,_ hu, es spukt bei uns_ im_ Flur, stock-dun-kel ist's, du
nun er-starrt in uns_ das_ Blut: ein Au-gen-paar in_

hörst_ es nur. Es knurrt und murrt in dump-fer Wut, vor Furcht ver-lässt uns
dunk-ler Glut, es schaut nach uns und sucht und sucht und knurrt nun wie-der

un-ser Mut. } 1.-2.Schu mu schu ju schu hu hu hu schu mu schu ju schu
so_ ver-rucht. }

hu hu hu. 2.Und_ hu hu hu. 3.Uns bleibt die Flucht. Wir keh-ren um. Da

spukt_ und_ schnurrt es_ um_ uns rum. Die Tür geht auf, der

Flur wird hell, und Mut-zi-put-zi putzt sich brav_ das Fell. Schu

mu schu ju schu hu hu hu schu mu schu ju schu hu hu hu.

T/M: Andreas Mohr
© 2004 Schott Musik International, Mainz

Z Der spannende, unheimliche Text kombiniert *u* mit vielen weiteren Vokalen und Konsonanten und ermöglicht dadurch eine verspannungsfreie runde Artikulation. Das textliche und melodische Geschehen suggeriert eine weiche, mundraumbetonte, kopfstimmige Singweise und lenkt immer wieder von den Spannungsverhältnissen am Lippenring ab.

Im Refrain wird dann das *u* mit solchen Konsonanten kombiniert, die den Vordersitz des Vokals sichern helfen.

A Bei der Silbe *hu* sollen starke Ausatmungsstöße vermieden werden, um keine Überluftung des Vokals zu provozieren. Das ganze Lied mit weicher, behutsamer, der unheimlichen Stimmung entsprechender Tongebung singen.

Weitere Lieder für den Vokal U

Die Kuh hat bunte Schuhe an   57

Tschu tschu   34

Tula tula   40

Venus   136

Wer Gutes tut   73

Umlaut Ä (Offenes E)

Das offene *e* und der Umlaut *ä* sind klanggleich und unterscheiden sich lediglich in der Vokallänge. Dieser Vokal ist klanglich besonders gefährdet, weil er leicht flach und plärrig wird. Eine lippengerundete, längsovale Mundstellung verhindert den unschönen Klang. Allerdings muss darauf geachtet werden, dass *ä* durch übertriebene Schnutenbildung nicht zu stark abgedunkelt wird und sich dadurch klanglich dem offenen *ö* zu sehr annähert.

53. Kätzchens Pech
Refrainlied

15 jä tschä jä. 2. Fängt In-sek-ten ja be-hen-de, setzt sich schnell in Po-si-

20 -tion, die Li-bel-le, wenn sie stän-de, hät-te sie das Kätz-chen schon.

25 Tschä jä jä tschä jä tschä jä tschä jä jä tschä

31 jä tschä jä. 3. Da, ein Sprung! Und blit-zes-schnel-le, die Li-bel-le

36 ist schon weg. Und das Kätz-chen, gar nicht hel-le, hat die Tätz-chen

40 jetzt im Dreck. Tschä jä jä tschä jä tschä

44 jä tschä jä jä tschä jä tschä jä

T: Gertrude Wohlrab und Andreas Mohr/M: Andreas Mohr
© 2004 Schott Musik International, Mainz

Z Der lustige Text ermöglicht viele verschiedene Klanginterpretationen des *ä*, so dass sich ein ästhetisches Bewusstsein für die Vokalfarbe einstellen kann. Besonders der Refrain gestattet eine Fülle emotionaler Ansätze, die sich klanglich manifestieren können: schadenfroh, bedauernd, mitleidig, fröhlich, vorsichtig etc. Der Singleiter zeigt die verschiedenen Möglichkeiten am besten durch Vormachen.

A Bei aller Experimentierfreude nie brutal singen. Die Grenzen zwischen allzu hellem, geplärrten *ä* und dem abgedunkelten, überschnutigen *ä* wahrnehmen und beachten.

Weiteres Lied für den Umlaut Ä
Der Sultan hat gegähnt   56

Umlaut Ö

Das *ö* gibt es in offener und in geschlossener Form. Notwendig sind für beide *ö*-Laute die Rundung des Lippenrings und der weite Mundinnenraum.

54. Blödelei

Sprech- und Singkanon zu acht Stimmen

T: Gertrude Wohlrab/M: Andreas Mohr
© 2004 Schott Musik International, Mainz

Z Die Mischform aus Sprech- und Singkanon ermöglicht eine sorgfältige Vokalformung mit gut gespannten Lippen und rundem Mundraum. Zusätzlich wird das musikalische Gedächtnis geschult, da während der Sprechzeilen die Erinnerung an die Tonhöhen erhalten bleiben muss, um die jeweils folgende gesungene Zeile mit dem richtigen Ton beginnen zu können. Der Unsinn-Text und die sehr einfache Melodie verhindern Verbissenheit bei der Bewältigung der Artikulationen und lenken die Aufmerksamkeit auf die Formung des Umlauts.

A Trotz des sehr saloppen Textes nicht nachlässig artikulieren. Den Text auch zuerst als reinen Sprechkanon üben.

Umlaut Ü

Beide *ü*-Laute, das geschlossene und das offene *ü* werden häufig zu wenig schnutig gebildet und verlieren dadurch die dunkle Rundung.

55. Glühwürmchen
Refrainlied

empfindsam

1. Ein__ Glüh-würm-chen glüh - te am Tüm-pel in - mit - ten von wü - stem Ge-
- rüm-pel, es führ - te nichts Üb - les im Schil-de. Schwü-bü-dü schwü-bü-da schwü-bü-
-dü schwü-bü-da schwü-bü-dü schwü-bü-da schwü-bü-dü schwü-bü-da.

2. 'Ne__ Mü - cke be-nütz - te die Mil - de des süd - li-chen Kli - mas und
müh-te sich hin zu dem Würm-chen, das glüh-te. Schwü-bü-dü schwü-bü-da schwü-bü-
- dü schwü-bü-da schwü-bü-dü schwü-bü-da schwü-bü-dü schwü-bü-da.

3. „Schenk ein von dem Glüh - wein, dem sü - ßen! Ich wün - sche mir so,__ dass ich glü - he, und müsst' ich auch ü - bel es bü - ßen." Schwü-bü - dü schwü-bü - da schwü-bü - dü schwü-bü - da schwü-bü - dü schwü-bü - da schwü-bü - dü schwü-bü - da.

4. Ver - ge - bens war all' ih - re Mü - he, ihr Wün - schen um Glü - hen und Blü - hen, denn Mü - cken, die kön - nen nicht glü - hen! Schwü-bü - dü schwü-bü - da schwü-bü - dü schwü-bü - da schwü-bü - dü schwü-bü - da schwü-bü - dü schwü-bü - da.

T/M: Andreas Mohr
© 2004 Schott Musik International, Mainz

Z Beide Klangformen des *ü* werden in diesem Refrainlied in vielfältigen Verbindungen geübt, wobei die textliche und melodische Gestaltung eine weiche Stimmgebung ermöglicht. Besonders im Refrain, in dem nur das geschlossene *ü* vorkommt, wird die runde, weite Mundform durch das anlautende *sch* sowie die Vordersitzenergie durch das *w* unterstützt.

A Das *ü* erfordert einen gut gerundeten Lippenring. Allerdings ist darauf zu achten, dass die Lippen nicht krampfartig schnutig geformt sind und Luftgeräusche produzieren.

Weiteres Lied für den Umlaut Ü
Güte   132

Diphthonge

Die drei hochdeutschen Diphthonge *au*, *ei* und *eu* bestehen jeweils aus einem Anfangsvokal, von dem aus über eine Verschleifungsszone der Schlussvokal erreicht wird. Sie werden beim Singen etwas anders behandelt als beim Sprechen: gesprochen geht der Anfangsvokal rasch über die Verschleifung in den Schlussvokal. Beim Singen wird der Anfangsvokal gedehnt und erst kurz vor dem Ende des Notenwertes zum Schlussvokal verschliffen. Wir müssen also lernen, besonders bei lang ausgehaltenen Tönen den Anfangsvokal des jeweiligen Diphthongs klar und unverfälscht zu halten.

Wenn es gelingt, den Mundinnenraum schön groß zu halten, sind die Diphthonge ein vorzügliches Übungsmittel für die Weite beim Singen.

Diphthong AU

Von einem dunklen *a* aus wird zu einem kurzen, aber geschlossenen *o* verschliffen. Man muss darauf achten, dass der Anfangsvokal nicht zu hell gebildet wird. Der Schlussvokal darf keinesfalls über *o* hinaus zum *u* verfälscht werden.

56. Frauenschuh

Kanon zu fünf Stimmen (auslaufend)

T/M: Andreas Mohr
© 2004 Schott Musik International, Mainz

Z Auf den längeren Tönen kann besonders gut kontrolliert werden, ob der Anfangsvokal des Diphthongs lang genug gehalten wird.

Dank der hervorragenden Resonanzeigenschaften des Diphthongs *au* ist der Kanon auch gut zur Erzielung einer großen Mundraumweite geeignet.

A Den Diphthong nicht zum *u* schließen!

Weitere Lieder für den Diphthong AU
Gewitter 83
Leck mich im Angesicht 90
Maurer Mauser 111

Diphthong EI

In jeder Schreibweise (*ei, ey, ai, ay*) wird der Diphthong gleich ausgesprochen: an ein helles *a* schließt sich eine Verschleifungszone bis zu einem kurzen geschlossenen *e* an. Keinesfalls darf bis zum *i* verschliffen werden. Das Anfangs-*a* muss deutlich heller sein als das Anfangs-*a* des Diphthongs *au*.

57. Mein weißes Seidenhemd

Kanon zu vier Stimmen

T/M: Andreas Mohr
© 2004 Schott Musik International, Mainz

Z Das *ei* taucht häufig auf langen Notenwerten auf und ist mit vorne gebildeten Konsonanten kombiniert, um dem Anfangs-Vokal Vordersitz und Stabilität zu geben. Der Mundraum kann weit und füllig geformt werden, um zu vermeiden, dass der Stimmklang breit und plärrig wird.

A Das *ei* nicht bis zum *i* schließen (Schlussvokal des Diphthongs ist das geschlossene *e*). Auch bei Bindungen über mehrere Töne das Anfangs-*a* klar und weit offen halten.

Weitere Lieder für den Diphthong EI
Gewitter 83
Herr, deine Güte reicht 38
Mönchsrobbe 58
Schäfchenwolken 60

Diphthong EU

Der Diphthong *eu* kommt in zwei verschiedenen Schreibweisen vor: *eu* und *äu*. Die Aussprache ist gleich: an ein offenes *o* schließt sich eine Verschleifung bis zum Schlussvokal *e* an. Früher praktizierte Schließung zum *ü* oder *ö* ist im heutigen Sprachgebrauch kaum noch vorhanden, dafür ist in nachlässiger Sprechweise fälschlicherweise oft *i* als Schlussvokal zu beobachten.

58. Das Fräulein Breuer

Nachlaufkanon zu zwei Stimmen

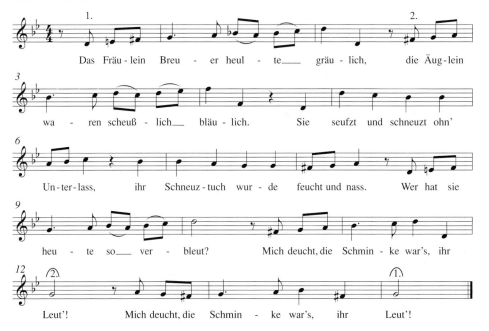

Das Fräu - lein Breu - er heul - te___ gräu - lich, die Äug - lein

wa - ren scheuß - lich___ bläu - lich. Sie seufzt und schneuzt ohn'

Un - ter - lass, ihr Schneuz - tuch wur - de feucht und nass. Wer hat sie

heu - te so___ ver - bleut? Mich deucht, die Schmin - ke war's, ihr

Leut'! Mich deucht, die Schmin - ke war's, ihr Leut'!

T: Gertrude Wohlrab/M: Andreas Mohr
© 2004 Schott Musik International, Mainz

Z Der witzige Text ermöglicht, den Diphthong vielfältig zu üben.
Wie alle Diphthonge ist auch das *eu* gut geeignet, Mundraumweite zu erzeugen.

A Den Diphthong nicht mit *i* schließen.

Weiteres Lied für den Diphthong EU
Gewitter   83

Alle Diphthonge

59. Gewitter

Ostinatokanon zu vier Stimmen

T/M: Andreas Mohr

Z Ein Kanon für Ältere. Bewusstmachung der prinzipiell gleichen Behandlung aller Diphthonge beim Singen.

Durch die Häufung der verschiedenen Diphthonge ermöglicht dieser Kanon auch ausgezeichnet das Training der Weite beim Singen. Die Ostinato-Zeile stellt gleichzeitig eine gute Übung für das lockere Erreichen tiefer Töne dar.

A Im Ostinato die tiefen Töne nicht lauter singen als die oberen.

Alle Vokale

60. Drei Chinesen mit dem Kontrabass

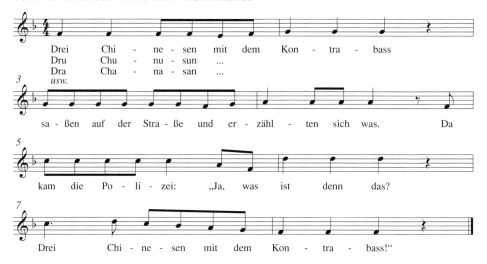

T/M: überliefert
© 2004 Schott Musik International, Mainz

Z Das Austauschen der Vokale des Textes durch jeweils nur einen einzigen zwingt die Kinder zu erhöhter Aufmerksamkeit auf die Bildung des geforderten Vokals. So kann die Lippen-, Unterkiefer- und Zungenstellung gut beobachtet und bewusst gemacht werden. Die häufige Wiederholung der Artikulationsform trainiert die Bewegungen und festigt die richtigen Einstellungen.

A Auch die einsilbigen Wörter und unbetonten Silben mit genau gebildeten Vokalen versehen. Bei allen Vokalen die Lippen rund halten und den Unterkiefer nicht fixieren! Besonders bei den hellen Vokalen *e* und *i* auf die nötige Lockerheit achten. Auch mit Umlauten und Diphthongen üben.

Das Lied verleitet zu sorgloser Tongebung, wenn es mit Kindern zu tief gesungen wird.

Vokalausgleich

Alle Vokale sollen in einem annähernd gleich großen Resonanzraum gebildet werden. Dies gelingt Kindern gut, wenn sie den weiten Mundinnenraum quasi als Hülle um alle Vokale herum formen. Gleichzeitig vereinheitlicht sich dabei auch das Schwingungsgeschehen der Stimmfalten: die extremen Masseeinstellungen werden aufgegeben zugunsten einer schlankeren Muskeleinstellung mit Beteiligung der Randschwingung.

Vokalausgleich gelingt am leichtesten, wenn man entsprechend der Verwandtschaftsbeziehungen die Vokalreihe *a – o – u* und die Reihe *a – e – i* kombiniert und später dann Verbindungen zwischen den hellen und dunklen Vokalen schafft (*o – ö – e, u – ü – i* etc.).

61. Auch Betten können müde sein

Kanon zu vier Stimmen

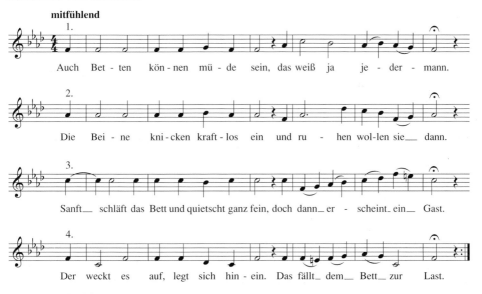

T: Gertrude Wohlrab/M: Andreas Mohr
© 2004 Schott Musik International, Mainz

Z Am Anfang der Textzeilen dieses Kanons und an ihrem Ende stehen *a*-Laute. Von dort aus werden jeweils einige Vokale erreicht, die von der Weite des *a* profitieren können. Die Tonwiederholungen der Melodie ermöglichen eine genaue Kontrolle, ob die Raumverhältnisse im Mundraum ähnlich genug geblieben sind, um die Vokale einheitlich klingen zu lassen.

Wegen der langen Zeilen und der eher langsamen Notenwerte ist der Kanon auch gut als Übung zum Atemhalten und zum gleichmäßigen Ausatmen geeignet.

A Sehr legato singen und die Vokale quasi durch die Konsonanten hindurch binden.

62. Dein Wort ist meines Fußes Leuchte

Nachsinglied

T: Psalm 119, 105/M: Andreas Mohr
© 2004 Schott Musik International, Mainz

Z Nachsinglieder können sehr hilfreich sein, um bestimmte Absichten durch Vorsingen und Nachsingen-Lassen zu verwirklichen. Anfangs werden vom Vokal *a* ausgehend das offene *o*, das offene *i*, das schwache *e* und das geschlossene *u* in den Resonanzraum des *a* gebracht. Im zweiten Teil sind es vor allem die hellen *e*-Laute, die von der Weite des *a* profitieren.

Mit diesem Lied kann auch das Ansingen auf hohen Tönen geübt werden, was auch dem Vordersitz nützt.

A Natürlich erreichen Nachsinglieder ihre Wirksamkeit desto vollständiger, je besser vorgesungen wird. Daher ist es notwendig, dass der Vorsingende seine eigene Stimmgebung schult.

Zunächst wird das Lied abschnittsweise vorgesungen und wiederholt. Bei fortgeschrittener Beherrschung können die verschränkten Einsätze der 2. Stimme verwendet werden, was einen einfachen Einstieg in die Zweistimmigkeit ermöglicht.

63. Dicke Lüge
Kanon zu vier Stimmen

T: Gertrude Wohlrab/M: Andreas Mohr
© 2004 Schott Musik International, Mainz

Z Ein Parlando-Kanon für den Vokalausgleich der hellen Vokale *e* und *i* vom weiten *a* aus. Besonders die dritte Kanonzeile mit ihren Tonwiederholungen und den ständigen Wechseln zwischen *a* und *i* im Text ist eine gute Übung für das Beibehalten der weiten Mundraumeinstellung des *a* auch beim *i*. Der Schluss der letzten Zeile trainiert die Raumform des *a*.

A Bei der Mundöffnung zum *a* nicht nur die Lippen bewegen, sondern immer auch den Unterkiefer bewusst nach unten führen. Keine breite Mundstellung bei *e* und *i*.

64. Im Anfang war das Wort

Kanon zu drei Stimmen

T: Joh. 1, 1/M: Andreas Mohr
© 2004 Schott Musik International, Mainz

Z Der Wechsel zwischen Zeilen mit gleichmäßig fortschreitenden langen Tönen und der bewegten, rhythmisch variierten Mittelzeile ist geeignet, das Binden von Tönen bei unterschiedlich schwierigen Bedingungen zu trainieren. Die Textunterlegung bietet ebenfalls verschiedene Bindungen bei syllabischer sowie melismatischer Textfortschreitung. Die Vokalstruktur des Textes weist fast ausschließlich die Vokale *a*, *o* und *u* auf. In Verbindung mit der Legatoeigenschaft der Melodie ist der Kanon ein ausgezeichnetes Übungsmittel für den Vokalausgleich der dunklen Vokale.

Die Mittelzeile des Kanons stellt auch eine Übung für das leichte Emporschwingen der Stimme in die Höhe sowie für Koloratur und Geläufigkeit dar.

A Mit staunend geweitetem Hals und sanft gesenktem Kehlkopf beginnen. Nicht laut singen und in der dritten Kanonzeile bei dem Wort *Gott* das *g* nicht zu weit hinten bilden, um gaumigen Stimmklang zu vermeiden.

65. Kyrie eleison

Kanon zu drei Stimmen

T: Liturgie/M: mündlich überliefert
© 2004 Schott Musik International, Mainz

Z Die Vokalverteilung im Text *Kyrie eleison* stellt eine vorzügliche Kombination dar, um vom mundraumresonanzierten *ü* aus die hellen Vokale *e* und *i* mit der nötigen Mundinnenraumweite zu versehen und dafür zu sorgen, dass diese bei Kindern oft plärrend überhell gebildeten Vokale runder klingen und aus der Vokallinie nicht mehr herausfallen.

Das Wort *Kyrie* wird mehrfach wiederholt und das Wort *eleison* mit einem kleinen Melisma gestaltet, bis am Ende zwei länger ausgehaltene Noten auf den Vokalen *e* und *i* den Übungszweck bestätigen helfen. Die stufengängige, sequenzierende Melodik unterstützt die Wirksamkeit der Übung auch durch die Mollcharakteristik, wodurch Härte und forcierter Toneinsatz vermieden wird.

A Man achte darauf, dass nach dem *ü* in *Kyrie* kein Schlupfvokal entsteht, bevor das *r* artikuliert wird („*Kyerie*") und nach dem *i* kein *j* eingefügt wird („*Kyrije*"). Die Achtelbindungen ohne *h* zwischen den Tönen, aber auch nicht verschmiert. Hier ist das ganz behutsame Bauchmuskulatur-Zwerchfell-Wechselspiel nötig.

66. Leck mich im Angesicht

Kanon zu drei Stimmen

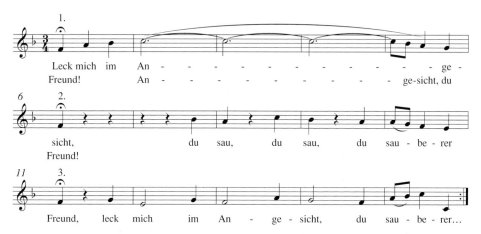

T/M: Carl Maria von Weber
© 1999 Schott Musik International, Mainz

Z Ein witziger Kanon für die Formung von *a* und *au* sowie für Vokalausgleich. Besonders in der ersten Kanonzeile kann auf dem lang ausgehaltenen Ton die exakte Bildung des *a* geübt und kontrolliert werden.

A Trotz aller Ausgelassenheit nicht schreien, sondern mit viel Mundraumresonanz und rund geformten Lippen singen. Das drei Takte lange c^2 lässt verschiedene dynamische Möglichkeiten zu von fast geflüstertem Pianissimo bis zum plump direkten Forte.

Die Pausen nach der Silbe *sau* ruckartig und mit bewusst gespanntem Zwerchfell gestalten.

67. Machet die Tore weit

Nachsinglied

T: Psalm 24, 9+10/M: Andreas Mohr
© 2004 Schott Musik International, Mainz

Z Dieses Nachsinglied verfolgt ähnliche stimmbildnerische Absichten wie „Dein Wort ist meines Fußes Leuchte" (siehe S. 86). Vom Vokal *a* ausgehend werden vor allem die hellen Vokale *ä*, *e* und *i* mit dem weiten Raum des *a* verbunden. Besondere Aufmerksamkeit wird der Beibehaltung der Weite für höhere Töne gewidmet. Daher ist dieses Lied auch gut zur Vorbereitung für die Höhe geeignet.

Die bewegteren Zeilen mit ihren kleinen Achtelläufen trainieren auch Geläufigkeit und Koloratur.

A Sehr weich und gebunden singen, nicht schreien. Die Mundöffnung des *a* soll immer mit einer Abwärtsbewegung des Unterkiefers verbunden sein. Dabei die Lippen nicht breit ziehen, sondern leicht gerundet halten.

68. Ubi malus cantus

Kanon zu drei Stimmen

T/M: Antonio Salieri
© 1999 Schott Musik International, Mainz

Z Ein nicht ganz einfacher, aber sehr witziger Kanon für Ältere, mit dem sich der Vokalausgleich gut üben lässt. Der Text kombiniert die Vokale *u, o, a* und *i* dergestalt, dass das *i* ständig von runden und mundraumweiten Vokalen umgeben ist und daher seine spitze Schärfe verlieren kann. Gleichzeitig sorgt das *i* seinerseits dafür, dass *u, o* und *a* weit genug vorne gebildet werden. Dazu tragen auch die vorne gebildeten Konsonanten *m, n* und *b* bei.

A Immer mit gerundeten Lippen singen und den Kiefer nicht festhalten.

69. Viva la musica
Kanon zu drei Stimmen

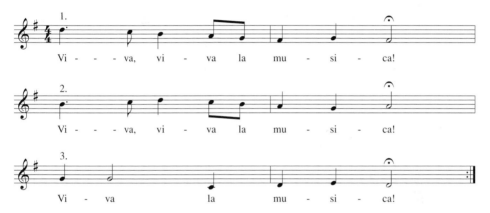

T/M: Michael Praetorius

Z Der sehr einfache und bekannte Kanon ist gut geeignet, die drei extremen Vokale *u, a* und *i* aneinander anzunähern, so dass *i* die enge Schärfe, *a* die flache Plärrigkeit und *u* die kehlige Dumpfheit verlieren. Vorne gebildete Konsonanten (*v, l, m*) sorgen für den nötigen Vordersitz.

A Jede Kanonzeile wieder mit gerundetem Lippenring beginnen. Keinesfalls bei *i* die Lippen in die Breite ziehen. Den Quintsprung abwärts in der dritten Kanonzeile leicht und federnd nehmen. In der Tiefe schlank und locker singen.

70. Wespe

Mini-Rap

Rap-dap da-e rap-dap da-u rap-dap-da-e rap-du-dap da. Rap-dap da-e

rap-dap da-u rap-dap-da-e rap-du-dap da. Das Pe, ein Neu-trum oh-ne Fra-ge be-

klagt beim Leh-rer sei-ne La-ge. Rap-dap da-e rap-dap da-u rap-dap-da-e

rap-du-dap da. Rap-dap da-e rap-dap da-u rap-dap-da-e rap-du-dap da. Es

möch-te sich durch De-kli-nie-ren mit rich-ti-gem Ge-schlech-te zie-ren.

Rap-dap da-e rap-dap da-u rap-dap-da-e rap-du-dap da.

Rap-dap da-e rap-dap da-u rap-dap-da-e rap-du-dap da. Der

Dorf-schul-leh-rer hilft hier ger-ne beim frü-hen Schein der Mor-gen-ster-ne.

Rap-dap da-e rap-dap da-u rap-dap-da-e rap-du-dap da.

Rap-dap da-e rap-dap da-u rap-dap-da-e rap-du-dap da. Ver-

T: Gertrude Wohlrab/M: Andreas Mohr
© 2004 Schott Musik International, Mainz

Z Ein Rap, bei dem die Präzision der Artikulation geübt wird und im Refrain die Vokalräume von *a*, *u* und *e* optimal aneinander angenähert werden, so dass *e* und *u* die
notwendige Weite vom *a* erhalten. In den Silbenverbindungen *da-e* (geschlossenes
e!) und *da-u* können die Raumverhältnisse sehr gut erspürt werden, da die Vokale
nicht durch Konsonanten von einander getrennt sind. Auch das *a* kann gut gerundet werden und verliert seine plärrige Breite.

A Die gesprochenen Zeilen sind absichtlich sehr kurz gehalten. Sie sollen vom Singleiter zuerst vorgesprochen und dann von der Gruppe wiederholt werden. Der
Refrain wird wie notiert gesungen – in tieferer Lage wiederholt. Nicht brutal singen
und immer Zungenspitzen-*R* benutzen.

71. Wildschwein

Kanon zu vier Stimmen

sehr rhythmisch

1. Am fri - schen___ Bach haust wild___ ein___ Schwein,

2. das kann___ doch___ nur ein Wild - schwein___ sein.

3. Die Ba - che___ ist's samt Kin - der - schar.

4. Frisch - - - lin - ge sind es, das___ ist___ klar.

T: Gertrude Wohlrab/M: Andreas Mohr
© 2004 Schott Musik International, Mainz

Z Ein Kanon für den Vokalausgleich der Vokale *a* und *i*, die im Text gehäuft vorkommen. Das *i* kann von der in der Gestalt des Diphthongs *ei* besonders gut wahrnehmbaren Mundraumweite des *a* profitieren, der Vordersitz des *a* wiederum wird durch den hohen Sitz des *i* günstig beeinflusst.

Auf Grund der rhythmischen Gestaltung des Kanons ist er auch gut als Zwerchfellübung oder Artikulationstraining einsetzbar.

A Alle Punktierungen sehr scharf nehmen, auch die auf den Tonwiederholungen. Immer mit gut geweitetem Mundraum singen, aber alle Konsonanten dennoch präzise und prägnant aussprechen.

Weitere Lieder für Vokalausgleich

VI. Artikulationstraining

Eine Fülle von falschen und überflüssigen Artikulationsbewegungen sowie steife, verspannte und träge Artikulationsmuskulaturen stören nicht nur die klare und deutliche Aussprache, sondern behindern häufig auch nachhaltig die Klangbildung.

Im frühen Kindesalter sind die Bewegungen der Artikulationsinstrumente noch wenig trainiert und koordiniert, später ist die präzise Artikulation oft durch Zahnregulierungen behindert. Im Übrigen wird auf korrekte Aussprache und die Beseitigung von Artikulationsfehlern wie Lispeln u. ä. heutzutage leider relativ wenig Wert gelegt. Dies alles führt dazu, dass das kindliche Singen oftmals durch nachlässige, fehlerhafte und träge Artikulation behindert wird.

Die Gruppen, in denen mit Kindern gesungen wird, sind heute oftmals die einzigen Institutionen, wo auf korrekte und sorgfältige Aussprache geachtet wird. Aus diesem Grunde ist hier eine große Auswahl verschiedenster Übungslieder zusammengestellt, um den Gruppen-/Chorleitern ein möglichst vielfältiges Übungsmaterial an die Hand zu geben.

Sprechübungen zur Lockerung der Sprechwerkzeuge

72. Aufräumen
Mini-Rap

9
ja, na ja, na ja, oh - ne Lust ver-zicht' ich drauf, o ja, o ja o ja. Die

12
Au-tos, die fah-ren ins Pup-pen-haus, die Klötz-chen, die woll'n zur Ga-ra-ge raus, die

14
Pup-pen be-woh-nen das gro-ße Haus. Hab ich Lust, dann räum' ich auf, na

16
ja, na ja, na ja, oh - ne Lust ver-zicht' ich drauf, o ja, o ja o ja. Die

19
Klötz-chen zer-stö-ren das gro-ße Haus und fah-ren im Au-to ins Pup-pen-haus, die

21
Pup-pen, die woll'n zur Ga-ra-ge raus. Hab ich Lust, dann räum' ich auf, na

23
ja, na ja, na ja, oh - ne Lust ver-zicht' ich drauf, o ja, o ja o ja.

T/M: Andreas Mohr
© 2004 Schott Musik International, Mainz

Z Der lustige Sprechtext mit seinen reizvollen Rhythmuswechseln sowie der schwung-volle Refrain ermöglichen eine lockere, vordere Artikulation mit guter Unterkiefer-beteiligung. Die Silbenfolgen *na ja* und *o ja* fördern den Vordersitz des Vokals *a* und können kehliges Singen verhindern.

A Trotz aller Ausgelassenheit beim Refrain nicht schreien. Die Punktierungen sehr genau nehmen.

73. Daumenkino

Mini-Rap

Ein Dau-men will ins Ki - no gehn, muss lan - ge an der Kas-se stehn.

Du - a dap du - a dap du - a du - a du - a dap

Jetzt ist er zum Be-zah - len dran. Das Kas-sen-fräu - lein sieht ihn an:

Du - a dap du - a dap du - a du - a du - a dap.

„He, Dau - men, du passt hier nicht hin, hier sit - zen gro - ße Leu - te drin.

du - a dap du - a dap du - a du - a du - a dap.

Du siehst doch nichts, du bist zu klein. Geh in ein Dau - men - ki - no rein!"

du - a dap du - a dap du - a du - a du - a dap

T: Gertrude Wohlrab/M: Andreas Mohr
© 2004 Schott Musik International, Mainz

Z Eine einfache Sprechübung für jüngere Kinder zur Lockerung und Präzisierung der Artikulation. Der zwischen die Sprechzeilen geschobene gesungene Refrain überträgt geschickt die gewonnene artikulatorische Lockerheit auf das Singen und sorgt durch den Beginn mit *u* auch für die nötige Durchmischung mit Randschwingung.

A Nicht hart und abgehackt, sondern weich fließend, aber präzise sprechen. Auch den Refrain rhythmisch sehr genau nehmen.

Die Sprechzeilen jeweils zuerst vorsprechen und von der Gruppe wiederholen lassen. Den Refrain gemeinsam wiederholen.

74. Mückenstich

Artikulations-Rap

Ich fall ins Bett und schlaf gleich ein, die Nacht soll mir Er - ho - lung sein. Die

Ruh ist kurz, denn mit Ge - summ schwirrt ei - ne Mü - cke um mich rum.

Ein Mü - cken - stich, ein Mü - cken - stich, ein Mü - cken - stich juckt fürch - ter - lich. Ein

Mü - cken - stich, Ein Mü - cken - stich juckt fürch - ter - lich.

Das blö - de Tier, es stört mich sehr, ich fin - de kei - ne Ru - he mehr. Ich

ste - he auf und ma - che Licht, die Mü - cke, nein, die seh ich nicht.

Ein Mü - cken - stich, ein Mü - cken - stich, ein Mü - cken - stich juckt fürch - ter - lich. Ein

Mü - cken - stich, ein Mü - cken - stich juckt fürch - ter - lich.

Da - nach schlaf ich mal wie - der ein, nun sticht sie mich, das juckt ge - mein! Ich

ras - te aus und bin voll Wut, nur mir al - lein ge - hört mein Blut!

Ein Mü-cken-stich, ein Mü-cken-stich, ein Mü-cken-stich juckt fürch-ter-lich. Ein

Mü-cken-stich, ein Mü-cken-stich juckt fürch-ter-lich.

Am Bein hab ich 'nen gro-ßen Stich, ein Mü-cken-stich juckt fürch-ter-lich. Ich

schla-ge um mich, wer-de wild, doch dann hab ich das Vieh ge-killt.

Ein Mü-cken-stich, ein Mü-cken-stich, ein Mü-cken-stich juckt fürch-ter-lich. Ein

Mü-cken-stich, ein Mü-cken-stich juckt fürch-ter-lich.

Jetzt hätt ich Ruh, der Schlaf ist weg. Die Mü-cke bleibt als ro-ter Fleck. Ich

bin ge-nervt, to-tal er-schlafft, nach die-ser Nacht bin ich ge-schafft.

Ein Mü-cken-stich, ein Mü-cken-stich, ein Mü-cken-stich juckt fürch-ter-lich. Ein

Mü-cken-stich, ein Mü-cken-stich juckt fürch-ter-lich.

T: Gertrude Wohlrab/M: Andreas Mohr
© 2004 Schott Musik International, Mainz

Z Artikulationsgymnastik besonders für Zungenspitze und Zungenrücken. Die Kombination von *k* und vorderem *ch* hilft dazu, die Artikulationsstelle des *k* vom Gaumensegel weg nach vorne oben an den Gaumen zu verlegen. Dies beugt dem kehligen Singen vor und dient dem Vordersitz der Stimme.

Der Refrain mit seiner von oben kommenden, leicht chromatischen Melodik sorgt zusätzlich für schlanke Stimmgebung und Vordersitz.

A Immer „mit gespitztem Mund" und sehr genau artikuliert sprechen. Den Refrain *non legato* und mit lockerer Stimmgebung singen.

75. Schüttelfrost und Sonnenstich
Mini-Rap

T: Gertrude Wohlrab/M: Andreas Mohr

Z Kurze, durch Pausen unterbrochene Sprechzeilen und ein rhythmisch prägnanter Refrain, der ebenfalls plötzliche Pausen aufweist, sind das stimmbildnerische Material dieses Mini-Rap. Die Zwerchfellspannung wird immer wieder neu gefordert und sorgt für gut auf dem Atem artikulierten Text. Der melodisch von oben nach unten führende Refrain hilft dazu, mit der Stimme immer wieder schlank vorne anzusetzen.

A Die Sprechzeilen können auch Takt für Takt oder alle zwei Takte abwechselnd von verschiedenen Kindern gesprochen werden. Dies schafft mehr Konzentration und schärft das rhythmische Bewusstsein.

Allgemeine Artikulationsaktivierung beim Singen

76. Dunkel war's

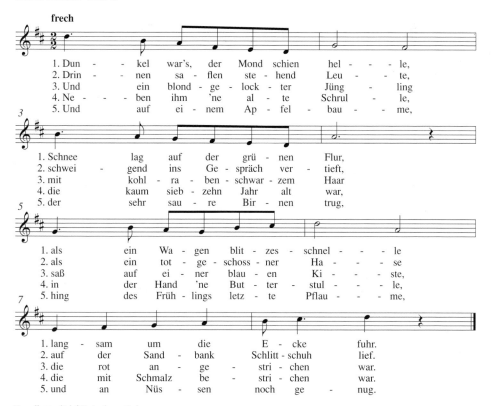

1. Dun - kel war's, der Mond schien hel - - le, Schnee lag auf der grü - nen Flur, als ein Wa - gen blit - zes - schnel - - le langsam um die E - cke fuhr.
2. Drin - nen sa - flen ste - hend Leu - te, schwei - gend ins Ge - spräch ver - tieft, als ein tot - ge - schoss - ner Ha - - se auf der Sand - bank Schlitt - schuh lief.
3. Und ein blond - ge - lock - ter Jüng - ling mit kohl - ra - ben - schwar - zem Haar saß auf ei - ner blau - en Ki - - ste, die rot an - ge - stri - chen war.
4. Ne - ben ihm 'ne al - te Schrul - le, die kaum sieb - zehn Jahr alt war, in der Hand 'ne But - ter - stul - - le, die mit Schmalz be - stri - chen war.
5. Und auf ei - nem Ap - fel - bau - me, der sehr sau - re Bir - nen trug, hing des Früh - lings letz - te Pflau - - me, und an Nüs - sen noch ge - nug.

T: volkstümlich/M: Andreas Mohr
© 2004 Schott Musik International, Mainz

Z Schnelle abwärts führende Achtelbewegungen mit syllabischer Textverteilung stellen melodisch/rhythmische Trainingsinstrumente zur Artikulationsaktivierung dar. Drei Zeilen beginnen quasi als Absprung mit einer längeren Note, an die sich rasche

Achtelketten anschließen. Die Schlusszeile des Liedes ist eine aufwärts führende Non-Legato-Tonleiter. Alle Elemente dienen dazu, Artikulationswerkzeuge locker und effizient bewegen zu lernen.

A Sehr frisch und lebendig singen, aber nicht brutal. Schnelligkeit und Präzision ist wichtiger als Lautstärke.

77. Ehekräche

Nachlaufkanon zu zwei Stimmen (auslaufend)

T: Gertrude Wohlrab/M: Andreas Mohr
© 2004 Schott Musik International, Mainz

Z Die konsequent syllabische Achtelbewegung, *non legato* gesungen, erzieht zu präziser vorderer Artikulation. Die Form des Stücks als Nachlaufkanon zwingt zu genauer Wiedergabe des Rhythmus, da bei zweistimmiger Ausführung die Achtelläufe genau gleichzeitig erklingen müssen.

A Trotz des lustigen Textes nicht nachlässig singen und die rhythmische Präzision nie vernachlässigen. Nicht schneller werden.

78. Heute gehn wir in den Zoo

Kanon zu fünf Stimmen

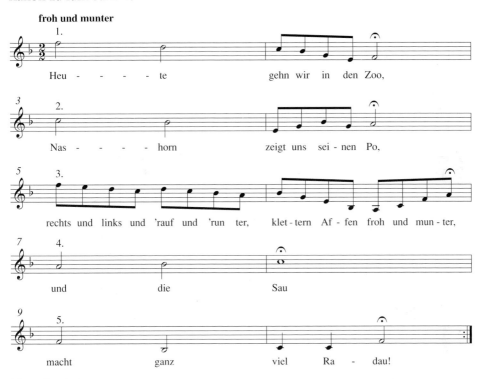

T/M: Andreas Mohr
© 2004 Schott Musik International, Mainz

Z Rasches Parlando mit gleichzeitigem Durchlaufen eines relativ großen Tonraums in der 3. Kanonzeile ermöglicht den Abbau überflüssiger und schwerfälliger Artikulationsbewegungen.

Dieser Kanon ist auch gut als Vordersitzübung für die tiefe Lage geeignet, da die Melodik weitgehend von oben nach unten führt.

A Trotz der ausgelassenen und gutgelaunten Klanggebung immer federnd locker bleiben. Auf den langen Anfangstönen nicht schreien.

79. Le coq est mort
Kanon zu fünf Stimmen

Le coq est mort, le coq est mort,

le coq est mort, le coq est mort.

Il ne di - ra plus co co di, co co da,

il ne di - ra plus co co di, co co da,

co co co co co co co co di, co co da.

T/M: aus Frankreich mündlich überliefert
© 1981 Schott Musik International, Mainz

Z Dieser sehr bekannte und einfache Kanon ist besonders wegen der Klangsilben *co-co-di co-co-da* in Verbindung mit dem französischen Text geeignet, die Artikulation des Konsonanten *k* oben an den Gaumen zu bringen.

A Die französische Aussprache mit gespitztem Mund präzise formen. Am Anfang des Kanons nicht laut singen, um Bruststimmigkeit zu vermeiden.

Der Kanon kann sowohl in Dur als auch in Moll gesungen werden. Es gelten dann zusätzlich die klein gestochenen Akzidentien.

80. Wir reiten geschwinde

Kanon zu drei Stimmen

im Galopp

1. Wir rei - ten ge-schwin-de durch Feld und Wald, wir rei-ten berg-ab und berg - auf,____ und fällt wer vom Pfer-de, so fällt er ge-lin-de und klet-tert be-hend wie-der auf.____

2. Das geht ü - ber Stock und Stein____ wir ge-ben dem Ros-se die Zü - gel und rei-ten im Son - nen - schein____ so schnell, als hät-ten wir Flü - gel.

3. Hei - ßa, hus-sa! Ü-ber Stock und ü - ber Stein.____ Hei - ßa, hus-sa! Und in den Stall hin - ein!____

T/M: mündlich überliefert
© 1999 Schott Musik International, Mainz

Z Gute Übung für schnelle und genaue Artikulation bei kraftvoller Tongebung. Die Konsonanten werden so locker gebildet werden, dass sie den raschen Achtelfluss nicht behindern. Andererseits ist die Tongebung so schlank und federnd, dass die rasche Artikulation überhaupt möglich wird.

A Nicht brutal, sondern bei aller Lautstärke immer mit schlanker, heller Tongebung und nicht bruststimmig singen.

81. Zitronenfalter

Nachlaufkanon zu zwei Stimmen

T: Gertrude Wohlrab/M: Andreas Mohr
© 2004 Schott Musik International, Mainz

Z Eine Schnelligkeits-Etüde für vordere Artikulation. Insbesondere die Lippen- und Zungenspitzenaktivität wird nachhaltig trainiert.

A So schnell wie möglich singen, aber immer genau bleiben. Es empfiehlt sich, zuerst langsamer zu beginnen und bei mehreren Wiederholungen das Tempo immer weiter zu steigern. Der Kanon kann auslaufend enden oder so lange im Tempo gesteigert werden, bis er in Chaos umschlägt. Das anschließende befreite Lachen der Singgruppe hat durchaus auch stimmbildnerische Qualität.

Zungenbrecher

Zungenbrecher sind ein ausgezeichnetes Mittel, um die Artikulation von überflüssigen Bewegungen befreien und auf die notwendigen, präzisen Formungen zu reduzieren. In der stimmbildnerischen Arbeit werden Zungenbrecher am besten rhythmisiert eingesetzt, um die Texte präzise und in sich steigernder Schnelligkeit trainieren zu können. Verpackt in einfache, die Stimme in bequemer Lage und mittlerer Lautstärke benutzende Singzeilen, Lieder oder Kanons lernen Kinder und Jugendliche, aber durchaus auch Erwachsene, leicht die für das Singen notwendige locker vorne gebildete Artikulation der Konsonanten.

82. Fliegenfänger Fridolin

Kanon zu drei Stimmen

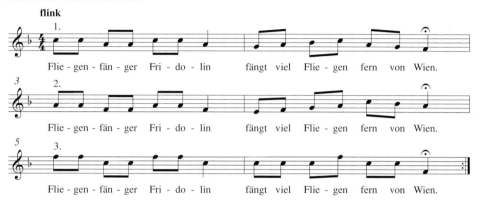

T: Gertrude Wohlrab/M: Andreas Mohr
© 2004 Schott Musik International, Mainz

Z Ein einfacher Übungskanon für die Artikulation der labiodentalen Konsonanten *f* und *w* in raschen, wechselnden Verbindungen mit *l, d* und Zungenspitzen-*R* sowie unterstützt von den hellen Vokalen *i, e* und *ä*. Die vordere Artikulationspräzision kann gut erspürt werden und löst muskuläre Verspannungen im rückwärtigen Mund-, Rachen- und Schlundraum.

A Sehr knappe und kurze Konsonanten sprechen; die Kanonzeilen werden in lockerem Parlando gesungen.

83. Maurer Mauser

Kanon zu drei Stimmen

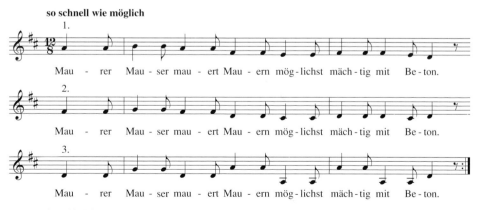

T: Gertrude Wohlrab/M: Andreas Mohr
© 2004 Schott Musik International, Mainz

Z Dieser Zungenbrecherkanon dient der Unterkiefer- und Lippenbeweglichkeit. Gleichzeitig ist der Kanon eine gute Übung für Weite im Mundraum und ein Trainingsmittel für den Diphthong *au*.

A Die Lippen nicht in die Breite ziehen, sondern die ganze Zeit mit leicht gerundetem Lippenring singen. Dabei nach jedem anlautenden *m* den Unterkiefer aktiv nach unten bewegen.

84. Miezekatze
Kanon zu drei Stimmen

T: Gertrude Wohlrab/M: Andreas Mohr
© 2004 Schott Musik International, Mainz

Z Ein Übungskanon für das Training von Lippen- und Zungenspitzenartikulation.

A Jede Kanonzeile leise und langsam beginnen und in Tempo und Lautstärke steigern. Dabei am Zeilenanfang nicht verluftet und am Ende der Zeile nie brutal singen!

85. Tomatensalat

so schnell wie möglich

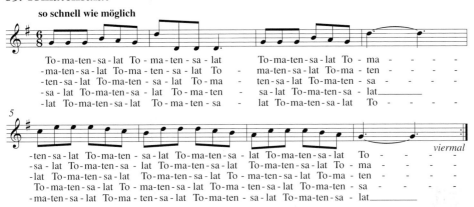

To-ma-ten-sa-lat To - ma - ten-sa - lat
-ma-ten-sa-lat To-ma - ten - sa - lat To
-ten-sa-lat To-ma-ten - sa - lat To - ma
-sa - lat To-ma-ten-sa - lat To - ma - ten
-lat To-ma-ten-sa-lat To - ma - ten - sa

To-ma-ten-sa - lat To - ma - - - -
-ma-ten-sa - lat To-ma - ten - - - -
-ten-sa - lat To-ma-ten - sa - - - -
sa - lat To-ma-ten-sa - lat____
-lat To-ma-ten-sa - lat To - - - -

5

-ten-sa - lat To-ma-ten - sa - lat To-ma-ten-sa - lat To-ma-ten-sa - lat To - - - -
-sa - lat To-ma-ten-sa - lat To-ma-ten-sa - lat To-ma-ten-sa - lat To - ma - - -
-lat To-ma-ten-sa - lat To-ma-ten-sa - lat To - ma-ten-sa - lat To-ma - ten - - -
To-ma-ten-sa - lat To - ma-ten-sa - lat To-ma - ten-sa - lat To-ma-ten - sa - - -
-ma-ten-sa - lat To-ma - ten-sa - lat To-ma-ten - sa - lat To-ma-ten-sa - lat____

viermal

T: überliefert/M: volkstümlich
© 2004 Schott Musik International, Mainz

Z Volltaktige Variante des bekannten Unsinn-Liedes mit sich ständig verschiebenden Wortbetonungen, bei denen nach fünfmaligem Singen am Ende wieder die richtige Betonung des Wortes *Tomatensalat* erscheint. Mit diesem beliebten „Omnibus-Lied" können die Zungenspitzenbewegungen bei *t, n, s* und *l* gut geübt werden; aber es ist auch zur Formung der Vokale *a* und *o* geeignet sowie zum Vokalausgleich.

A Trotz aller Schnelligkeit auf genaue Aussprache achten. Auch die Endsilbe *-en* muss deutlich mit Vokal gesprochen werden. Nicht zu tief anstimmen, da sonst der Anfang bruststimmig geraten kann. In den meisten Liederbüchern ist dieses Lied viel zu tief gesetzt.

86. Wer hat das Speckbesteck bestellt?

Kanon zu drei Stimmen

so rasch wie möglich

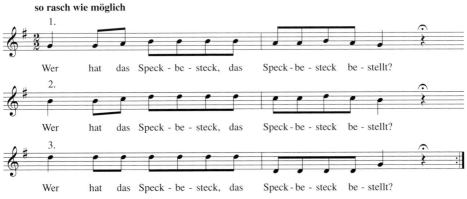

1. Wer hat das Speck - be - steck, das Speck - be - steck be - stellt?

2. Wer hat das Speck - be - steck, das Speck - be - steck be - stellt?

3. Wer hat das Speck - be - steck, das Speck - be - steck be - stellt?

T: überliefert/M: Andreas Mohr
© 2004 Schott Musik International, Mainz

Z Übung für den Wechsel zwischen Zungenspitzen- und Zungenrückenbewegungen.

A Auch pianissimo gesungen oder als Sprechkanon – auch geflüstert – mit dem Einsatz auf jedem Taktschlag möglich.

Zungenspitzentraining

87. Knurrhahn

Kanon zu vier Stimmen

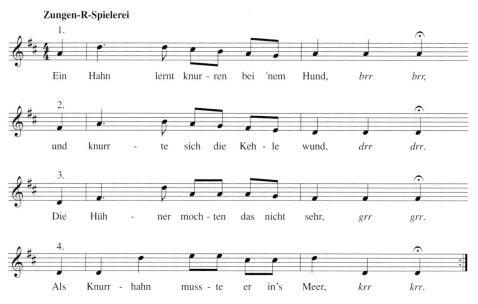

T: Gertrude Wohlrab/M: Andreas Mohr
© 2004 Schott Musik International, Mainz

Z Kinder lernen das Zungenspitzen-*R* am besten spielerisch durch Nachmachen und Erproben. Der Kanon ermöglicht das Ausprobieren in verschiedenen Konsonantenverbindungen.

A Bei den Verbindungen mit *g* und *k* auf die vordere Artikulation achten.

88. Panzernashorn

Nachlaufkanon zu zwei Stimmen

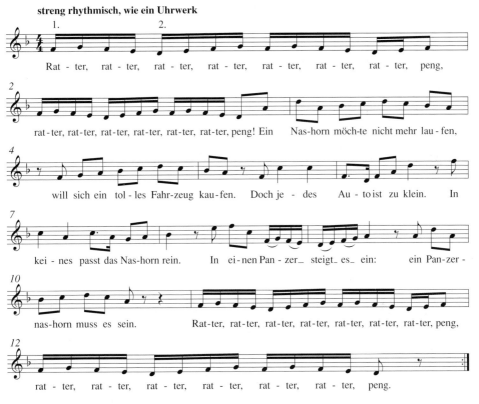

T: Gertrude Wohlrab/M: Andreas Mohr
© 2004 Schott Musik International, Mainz

Z Der Refrain stellt eine Etüde für die Beweglichkeit der Zungenspitze dar, die sehr schnell von der Artikulationsstelle des Zungen-*R* zu der der *t* wechseln muss. Die Melodien der Textstrophen bewegen sich in der oberen Mittellage, um die Stimmfalten immer schlank mittelstimmig zu halten. So muss der Refrain in der tiefen Lage nicht bruststimmig gesungen werden.

Der Kanon ist auch gut zum Training der Lockerheit in der Tiefe geeignet.

A Nicht laut singen. Die Geschichte in leichtem Parlando erzählen und mit dem Refrain lautmalerisch illustrieren.

89. Steppenwolf

Nachlaufkanon für zwei Stimmen

Zungenspitzenballett

Alle

T PPT PPTPT T   T PPT PPTPT T   T PPT PPTPT T   TPPPTPPPTPT T

1. Stimme

Ein Wolf, der tanzt mit viel Ge-schick, für's Step - pen hat er ei - nen Tick.

2. Stimme

Ein Wolf, der tanzt mit viel Ge - schick, für's Step-pen hat er ei - nen   Tick.

Alle

T PPT PPTPT T   T PPT PPTPT T   T PPT PPTPT T   TPPPTPPPTPT T

1. Stimme

Er mei - stert dies auch sehr ge-wandt, sehr ge-wandt,   wird so   als_ Step-pen-wolf,

2. Stimme

Er mei - stert dies auch sehr ge-wandt, sehr ge-wandt, wird so   als_____

1. Stimme

Step-pen-wolf, Step-pen-wolf Step-pen-wolf be-kannt.

2. Stimme

Step-pen-wolf, Step-pen-wolf, Step-pen-wolf Step-pen-wolf be - kannt.

Alle

T PPT PPTPT T   T PPT PPTPT T   T PPT PPTPT T   TPPPTPPPTPT T

T: Gertrude Wohlrab/M: Andreas Mohr

Z Im Sprechrefrain werden durch rasche Repetition und rhythmische Aufeinanderfolge der Konsonanten *t* und *p* Zungenspitze und Lippen gelockert und deren Artikulationsbewegungen präzisiert. Der gesungene Nachlaufkanon ist durchgehend *non legato* mit lockerer Parlando-Artikulation gestaltet und eignet sich neben seiner artikulationslockernden Qualität auch gut zum Höhentraining.

A Die durch *t* und *p* imitierten Stepptanzgeräusche mit gespitzten Lippen und sehr „trocken", d. h. ohne starke Aspiration durchführen.

Weitere Lieder zum Artikulationstraining

Als ich früh erwachte 149	Irrtum 144
Apfelkuchen 29	Kaiman 43
Auf der Pirsch 21	Kugelfisch 45
Bach- oder Regenbogenforelle 141	Mein weißes Seidenhemd 81
Blödelei 77	Ratte 125
Das Bimmelbähnchen 129	Schlammspringer 150
Das Fräulein Breuer 82	Seestern 47
Das Wetter 146	Sing together 48
Der grüne Drache 63	Streifenhörnchen 134
Der Sultan hat gegähnt 56	Ubi malus cantus 92
Dicke Lüge 87	Vielleicht 138
Drei Chinesen mit dem Kontrabass 84	Viva la musica 93
Ein Hoch dem Geistesblitz 147	Waschen – brrr! 65
Enttäuschung 142	Wenn ich weiß, was du weißt 51
Fischwarnung 68	Wespe 94
Frühblüher 148	Wildschwein 96
Frühstück à la Rossini 122	Wir Wiener Waschweiber 52
Glühwürmchen 78	

VII. Training der Extremlagen

Ob es um das leichte, federnde Erreichen hoher Töne oder um die vordersitzige, lockere Einstellung für die Tiefe geht, in beiden Fällen wird man mit Kindern ähnliche Qualitäten üben müssen. Immer ist eine schlanke, elastische Stimmfalteneinstellung der dicken Brustregistermasse vorzuziehen. Zur leichten Höhe gehören der musikalische Schwung und die Befreiung von allen artikulatorischen Hindernissen. Die lockere Tiefe zeichnet sich vor allem durch guten Vordersitz aus. In beiden Fällen muss der Hals weit, der Kehlkopf entspannt hängend und der Unterkiefer gut beweglich sein.

Lockerung und Sicherung der hohen Lage

90. Die Stürme und Wellen
Kanon zu vier Stimmen

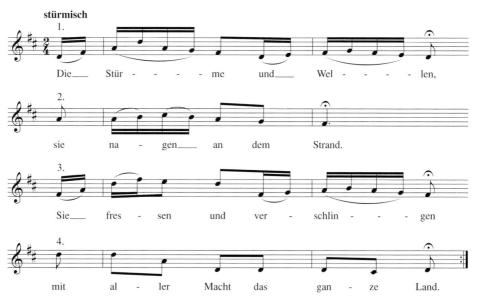

T: Andreas Mohr und Gertrude Wohlrab/M: Andreas Mohr
© 2004 Schott Musik International, Mainz

Z Die schwungvolle Melodie durchwandert rasch einen großen Ambitus und fordert lockere, elastische Artikulation. Den aufgewühlten Text kann man gut vorwärts treibend interpretieren. Die schlanke Stimmgebung ermöglicht ein leichtes Erreichen der hohen Töne, ohne zu nachlässig in der Tonhöhenspannung zu werden.

A Trotz aller Schnelligkeit keine ungenauen Tonschritte singen. Besonders die unbetonten Sechzehntel nicht nachlässig nehmen.

91. Die Tonleiter
Kanon zu drei Stimmen

Ich bitt' dich, ich bitt' dich, schreib' mir die C - Ska - la auf!
A, a,
a, a!

T/M: Ludwig van Beethoven
© 1999 Schott Musik International, Mainz

Z Der einfache Kanon stellt eine Schwungübung dar, die auch jüngeren Kindern das Erreichen höherer Töne leicht ermöglicht.

A In der Tiefe immer wieder leise und mit viel Schwung beginnen. Der Kanon sollte auch höher transponiert gesungen werden. Dann wird im Text die entsprechende Tonart genannt (*D-Skala*, *Es-Skala* usw.). Falls der Vokal *a* nicht weit genug vorne gebildet sein sollte, setze man vorne artikulierte Konsonanten davor (*m, n, b, w* usw.; nicht aber *l*, weil dadurch die Zwerchfellspannung zu sehr nachlässt!).

92. Falsch

Rätselkanon zu vier Stimmen

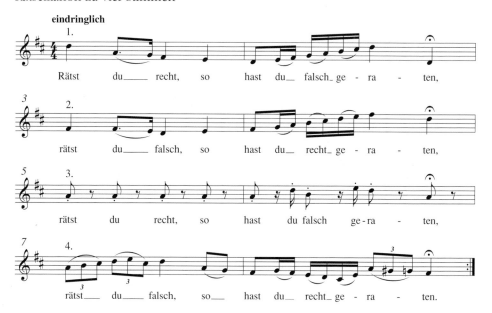

T: überliefert/M: Andreas Mohr
© 2004 Schott Musik International, Mainz

Z Federnd rhythmisierte, leicht staccatierte Melodieteile in der Mittellage und daraus sich entwickelnde schnelle, schwungvolle Läufe in die Höhe ermöglichen ein lockeres und verspannungsfreies Erreichen der höheren Singstimmlage.

A Immer leicht und beschwingt singen, nie schreien. Trotz der sehr schwungvollen Melodien das Tempo nicht überhetzen.

93. Wenn der Frühling kommt

Nachlaufkanon zu zwei Stimmen (auslaufend)

Wenn der Früh - ling kommt, von den Ber - gen schaut, wenn der

Schnee im Tal und von den Ber - gen taut, wenn die Fin - ken schla - gen und zu

Nes - te tra - gen, dann be - ginnt die schö - ne Früh - lings - zeit.

T/M: mündlich überliefert
© 1999 Schott Musik International, Mainz

Z Ein bekannter Kanon, der mit viel Schwung in die höheren Lagen der Singstimme führt. Förderlich ist, dass die Sprünge zu den Spitzentönen immer durch kleine von oben kommende Melodien vorbereitet werden. So ist die Gefahr, die höchsten Töne mit zu viel Stimmfaltenmasse zu nehmen, gering. Die locker artikulierte Achtelbewegung trägt ebenfalls dazu bei, den ganzen Kanon tänzerisch und federnd zu singen.

Natürlich dient der Kanon auch der Artikulationslockerung und dem Vordersitz.

A Bei den Sprüngen nach oben nicht den Kopf heben, besonders im Takt 3. Alles sehr rasch und leicht nehmen, nicht schreien.

Weitere Lieder für Höhe

Arme und Beine   19
Auf der Pirsch   21
Bach- oder Regenbogenforelle   141
Das Wetter   146
Dein doofes Cabrio   72
Dein Wort ist meines Fußes Leuchte   86
Ein Hoch dem Geistesblitz   147
Ferientag   23
Fischwarnung   68
Frauenschuh   80
Frühblüher   148
Frühlingsboten   131
Gebet   37

Herr, deine Güte reicht   38
Im Anfang war das Wort   88
Im Himmel   143
Irrtum   43
Kätzchens Pech   75
Machet die Tore weit   90
Mein weißes Seidenhemd   81
Morgengebet   46
Schäfchenwolken   60
Steppenwolf   116
Vielleicht   138
Wir reiten geschwinde   109

Lockeres Erreichen der tiefen Lage

94. Finsternis

Rätselkanon zu vier Stimmen

T: volkstümlich/M: Andreas Mohr
© 2004 Schott Musik International, Mainz

Z   Trainingskanon für Randschwingung und Vordersitz in der Tiefe. Die langen Noten-werte und kleinen Intervallschritte zwingen zu dichtem Legato. Der Text fördert mit dem gehäuft vorkommenden Vokal *i* und vorne gebildeten Konsonanten (*m, n, s, w*) den Vordersitz sowie den Vokalausgleich.

A   Keinesfalls laut singen, sondern mit geheimnisvoller Tongebung das Rätsel präsen-tieren. Sehr dichtes Legato (die Vokale quasi „durch die Konsonanten hindurch" binden).

95. Frühstück „à la Rossini"

Hast du o - ben die Scha - le dann ab - ge-pellt, nichts mehr vom Schmaus zu - rück dich hält. Etwas

13

Salz jetzt da - rauf, But - ter - brot da - zu, lass dir's schme-cken in al - ler Ruh!

D.C. al Fine

T: Thomas Holland-Moritz/M: Gioacchino Rossini
© 1996 Schott Musik International, Mainz

Z Die schnellen Repetitionen in tiefer Lage ermöglichen eine lockere, vordere Stimm-
einstellung, in der die tiefen Töne gut resonanziert und mit dem nötigen Vordersitz
gelingen können.

A Das Lied auch behutsam abwärts transponiert singen (bis etwa D-Dur).

96. Kühl, nicht lau

Kanon zu drei Stimmen

1.
(B - A - C - H)
Kühl,— nicht lau, nicht lau, kühl,— nicht lau, kühl,— nicht lau!

2.
Kühl,— nicht lau, kühl,— nicht lau, nicht lau!

3.
Kühl,— nicht lau, kühl,— nicht lau, kühl,— nicht lau!

T/M: Ludwig van Beethoven
© 1999 Schott Musik International, Mainz

Z Die zweitönigen, seufzerartigen Motive auf dem Text *kühl* sind gut geeignet, schlanke Stimmgebung mit Vordersitz zu erzeugen und in die Tiefe zu transportieren.
Zwischendurch erhebt sich die Melodie des Kanons immer wieder in höhere Lagen,
so dass ein Umschalten in Brustregister erheblich erschwert ist.

A Sehr weich und mit langen, dicht gebundenen Vokalen singen.

97. Mondensichel

Kanon zu vier Stimmen

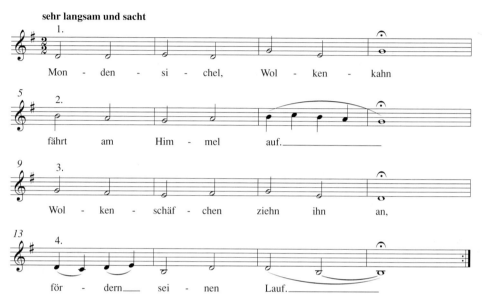

T: Gertrude Wohlrab/M: Andreas Mohr
© 2004 Schott Musik International, Mainz

Z Viele weite, runde Vokale, eine langsame, meist stufengängige Melodie in vorwiegend tiefer Mittellage und eine ruhige, stimmungsvolle Textaussage bieten gute Voraussetzungen, um die Tiefe mit der nötigen Lockerheit anzusingen. Die vorne gebildeten Konsonanten *m, s, w, f, sch* und *l* sorgen für den nötigen Vordersitz in der
Tiefe und verhindern das Kehligwerden der Stimme.

A Sehr gebunden singen, die Vokale quasi durch die Konsonanten hindurch binden.
In der tiefen Lage auf keinen Fall laut singen, aber auch nicht säuseln. Den Atem gut
zurückhalten.

98. Ratte

Nachlaufkanon zu zwei Stimmen (auslaufend)

sehr locker und äußerst präzise

Rat - te Rat-te Rat-te Rat - te Rat-te Rat-te Rat - te Rat-te Rat-te Rat-te Rat-te ratz. Ein

Te ist ein sehr klu - ges_ We - sen, hat sich viel Wis - sen an - ge - le - sen.

Rat - te Rat-te Rat-te Rat - te Rat-te Rat-te Rat - te Rat-te Rat-te Rat-te Rat-te ratz. Aus

Ach-tung und_ um_ es zu eh - ren und sei-nen Ruhm noch zu_ ver - meh - ren,

Rat - te Rat-te Rat-te Rat - te Rat-te Rat-te Rat - te Rat-te Rat-te Rat-te Rat-te ratz, wird

ihm ein Ti - tel_ zu - er - kannt und es vom Rat zum_ Rat_ er - nannt.

Rat - te Rat-te Rat-te Rat - te Rat-te Rat-te Rat - te Rat-te Rat-te Rat-te Rat-te ratz. Sein_

A wird kurz und schwach_ das_ E:___ Als Rat - te zeigt_ sich jetzt_ das_ Te.

Rat - te Rat-te Rat-te Rat - te Rat-te Rat-te Rat - te Rat-te Rat-te Rat-te Rat-te ratz.

T: Gertrude Wohlrab/M: Andreas Mohr

Z Dieser Nachlaufkanon besteht aus vier Textzeilen und einem Refrain, der den Kanon eröffnet, die Textzeilen voneinander trennt und ihn beschließt. Der Refrain beginnt in tiefer Lage und mit charakteristischen, lautmalerischen Silben, die kraftvolles Singen in der Tiefe ermöglichen. Der bewegte Rhythmus und die rasche Artikulation verhindern dabei eine allzu schwerfällige, bruststimmige Klanggebung. Die Textzeilen dazwischen verlangen eine schlanke Parlando-Singweise, so dass auch dadurch ein Abgleiten in ungemischtes Brustregister vermieden wird.

A Trotz des gewünschten vollen Klangs der Stimme in der tiefen Lage nicht übersteuern und Reibungen vermeiden.

99. Swing
Kanon zu drei Stimmen

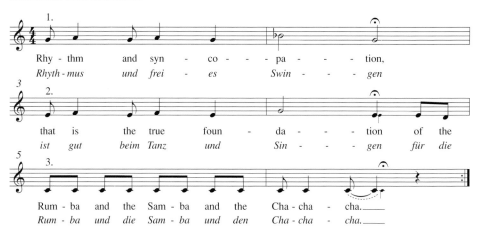

Deutscher Text: Hilger Schallehn/M: mündlich überliefert
© 1999 Schott Musik International, Mainz

Z Die Repetitionen der letzten Zeile in Verbindung mit dem „swingenden" Tanzrhythmus des ganzen Kanons können den Stimmklang in der tiefen Lage weiten und mit Volumen anfüllen.

A Immer tänzerisch singen und nie brutal im Klang werden.

Weitere Lieder für Tiefe

VIII. Beherrschung des Brustregisters und Registerausgleich

Eine der wichtigsten Aufgaben in der Stimmbildung mit Kindern ist die Eindämmung des Brustregisters auf die physiologisch richtige und stimmhygienisch gesunde Lage (Kleine Oktave bis höchstens Mitte der eingestrichenen Oktave) sowie das Erlernen einer schlanken Tongebung auch in der Tiefe, die das so genannte „Umschalten" vermeidet. Wichtig für das Gelingen ist eine ständige Bereitschaft zur weichen Tongebung mit gut funktionierender Randschwingung.

Dann können weit ausgespannte Melodien mit Wechsel verschiedener Lagen und große Sprünge helfen, die schlanken Muskeleinstellungen für die tiefe Lage zu trainieren und das Ausfallen der Randschwingung in der Tiefe zu vermeiden. Ebenso dienen diese Lieder dazu, die hohen Töne locker unverspannt zu singen und nicht zu pressen.

Die Kanonform ermöglicht zusätzlich, die schlanke, randschwingungsbetonte Singweise zu fördern: die Zeilen in mittlerer Stimmlage, bei denen die weiche Tongebung leichter gelingt, übertragen ihre Klanglichkeit auf Passagen mit höheren oder tieferen Tönen und verhelfen so zu einheitlicher Klanggebung ohne falsche Bruststimmigkeit.

100. Auf Rosen gebettet

Kanon zu vier Stimmen

T: Gertrude Wohlrab/M: Andreas Mohr
© 2004 Schott Musik International, Mainz

Z Weit ausholende Melodien mit schwungvollen Anstiegen kennzeichnen das musikalische Material dieses fröhlichen Kanons. Dabei sind abwärts führende Verläufe
vorherrschend, was schlankes, mittelstimmiges Singen ohne Druck begünstigt. Die
tiefen Töne in der 3. Kanonzeile werden locker im Sprung erreicht und durch mehr-
fache Rückkehr in die Mittellage registermäßig gesichert.
Der Kanon ist auch gut zum Einsingen geeignet.

A Nach Möglichkeit jeweils eine ganze Zeile auf einen Atem nehmen. Das Tempo eher
etwas beschleunigter wählen als zu schleppend, um die leichte, lockere Tongebung
nicht zu gefährden. Die 3. Kanonzeile federnd portato singen, um ein Umschalten
in Brustregister sicher zu vermeiden.

101. Das Bimmelbähnchen

Kanon zu vier Stimmen

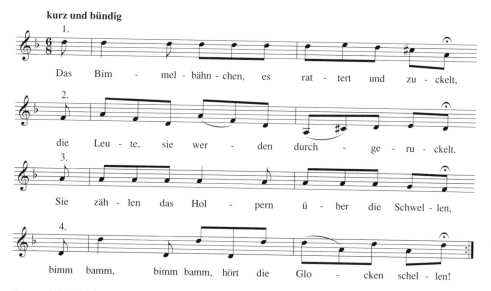

T: Gertrude Wohlrab/M: Andreas Mohr
© 2004 Schott Musik International, Mainz

Z Rasch und mit kurzen Tönen gesungen erleichtert dieser Parlando-Kanon die mittelstimmige Tongebung in allen Lagen. Besonders in der 2. Kanonzeile kann die schlanke Tiefe gut geübt werden.
Auch als Artikulationsübung geeignet. Der Kanon kann auch in D-Dur gesungen
werden.

A Nicht laut singen, aber mit sorgfältiger Aussprache und rhythmischer Präzision.

102. Fortschritt

Kanon zu vier Stimmen

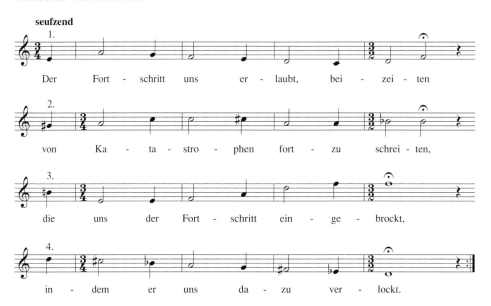

seufzend

1. Der Fort - schritt uns er - laubt, bei - zei - ten

2. von Ka - ta - stro - phen fort - zu schrei - ten,

3. die uns der Fort - schritt ein - ge - brockt,

4. in - dem er uns da - zu ver - lockt.

T: Georg Klippel/M: Andreas Mohr
© 2004 Schott Musik International, Mainz

Z Ungewöhnliche Melodien mit schwierigen Intervallen (Chromatik, Tritonus, übermäßige Sekunde) zwingen zu sorgfältiger Intonation mit erhöhter Konzentration. Die ersten beiden Zeilen sichern eine weiche Stimmgebung, mit der in der 3. Zeile in die Höhe gesungen wird und die die tiefen Töne der 1. Zeile nicht bruststimmig werden lässt. Der Seufzercharakter besonders der 4. Zeile unterstützt zusätzlich das kopfstimmige Singen.

A Bei der Einstudierung dieses nicht einfachen und auch von der Textaussage eher für ältere Kinder und Jugendliche geeigneten Kanons am besten mit den Seufzerfiguren der 4. Zeile beginnen. Bei fortgeschritteneren Jugendlichen bietet sich auch an, über die Doppeldeutigkeit des Textes und seine harmonische Umsetzung nachzudenken.

103. Frühlingsboten

Kanon zu vier Stimmen

T: Gertrude Wohlrab/M: Andreas Mohr
© 2004 Schott Musik International, Mainz

Z Schwungvolle, volksliedhafte Melodien mit Dreiklangsbrechungen verbinden sich mit randschwingungsfördernden Vokalen auf den höchsten Tönen zu einem Übungs-instrument für schlanke Stimmgebung. So können die tiefen Töne leicht und ohne bruststimmige Härte gesungen werden.

A Jede Zeile eher leise beginnen und weich schwingend crescendieren.

104. Güte

Kanon zu drei Stimmen

T: Laotse/M: Andreas Mohr
© 2004 Schott Musik International, Mainz

Z Alle drei Zeilen beginnen mit einem langen Ton auf randschwingungsförderndem *ü* und schreiten in kleinen Intervallen etwa eine Oktave abwärts, bis sie sich gegen Ende der Zeile wieder etwas erheben. Dies sind ideale Übungsmittel zum Transport von Randschwingung in tiefere, bruststimmgefährdetere Lagen.

Natürlich ist dieser Kanon auch gut geeignet für das Trainieren einer weichen Tongebung.

A Leise und mit rundem, mundraumweitem *ü* beginnen. Im Zusammenklang bei den langen Anfangstönen immer wieder auf den einheitlichen Klang des *ü* aufmerksam machen. Sehr gebunden singen und den weichen Klang des Anfangstons für die ganze Zeile beibehalten.

105. Mittsommernacht

Kanon zu vier Stimmen

T: Gertrude Wohlrab/M: Andreas Mohr
© 2004 Schott Musik International, Mainz

Z   Die erste Zeile sichert in hoher Mittellage und bei leiser Stimmgebung die Randschwingung, die in der 2. Zeile behutsam in die tiefere Mittellage transportiert wird. Die 3. Zeile führt noch einmal nach oben, bevor die tiefsten Töne in der 4. Zeile erreicht werden. Weite Vokale erzeugen den notwendigen Raum für eine klangvolle, resonanzierte Singweise.

A   Langsam genug singen und immer gut binden.

106. Streifenhörnchen

Nachlaufkanon zu drei Stimmen

marschierend

1.   3.   2.   3.

Ta   ramm   ta ta ta ramm   ta   ramm   ta ta ta ramm   ta

ramm   ta ta ta ra   ta   ra   ta   ramm   ta ta ta ramm   ta   ramm   ta ta ta ramm   ta

ramm   ta ta ta ramm ta   ramm   ta ta ta ra   ta   ra   ta   ramm   ta   ta   ta ramm   *Fine*

1. Ein   klei   -   nes   Hörn   -   chen   dient   beim   Bund,   muss
2. und   weil   es   hier   so   tüch   -   tig   ist   und
3. be - kommt   es   Strei - fen   an   -   ge - legt.   Das

Nach der 3. Strophe D. C. al Fine

1. Strei - fe____ gehn   zu   je   -   der   Stund,   ta
2. sei - ne____ Pflich - ten   nie   ver - gisst,   ta
3. Strei - fen - hörn - chen   ist   be - wegt.   Ta

T: Gertrude Wohlrab/M: Andreas Mohr

Z Der Refrain verlockt zwar durch den Vokal *a* und den Marschcharakter zur Bruststimmigkeit, liegt aber so hoch, dass die Kinder zum Erreichen der höchsten Töne
in Kopfregister umschalten müssten, wenn sie bruststimmig beginnen. Dies kann
jedoch gut durch federnd schlanke Klangeinstellung und nicht zu lautes Singen am
Anfang vermieden werden, so dass die Kinder selbständig ein Gespür für die richtige Registereinstellung erwerben. Die Form des Nachlaufkanons unterstützt diesen
Bewusstmachungsvorgang durch die zwingenden Wiederholungen und das Phä-
nomen des „Hinter-einander-her-Singens".

Der Refrain eignet sich auch als Artikulationsübung und für das Training der Höhe. Dieser Kanon kann auch gut mit Bewegungsspielen verbunden werden.

A Unbedingt Zungenspitzen-*R* verwenden, da sonst das *a* leicht kehlig klingt. Falls Zungenspitzen-*R* nicht zur Verfügung steht, die Silbenfolge *ta damm ta ta ta damm etc.* verwenden.

Nicht schreien.

107. Süßigkeiten

Kanon zu drei Stimmen

T: Gertrude Wohlrab/M: Andreas Mohr
© 2004 Schott Musik International, Mainz

Z Kontinuierlich größer werdende Sprünge mit immer höheren Spitzentönen sind das Übungsmaterial dieses sehr einfachen Kanons. Die angesprungenen hohen Töne sind mit offenen und vorne sitzenden Vokalen versehen, um die nötige Weite zu ermöglichen und Enge oder Pressen zu vermeiden.

A Bei den tiefen Tönen bereits das Sprungziel „im Visier haben", leicht beginnen und mit Schwung den hohen Ton ansteuern.

108. Venus

Refrainlied

Su su___ su   su su___ su   su___ su su___   su___ su

su.   Die Ve - nus muss   ein   Dril - ling   sein: Als Mor - gen - stern   mit

fah - lem   Schein   ver - blasst   sie   in___   den   Tag___   hin - ein.

Su su___ su   su su___ su   su___ su su___   su___ su

su.   Als A - bend - stern   in   hel - ler Pracht zeigt   sie___   den   Ein - gang

in___   die_ Nacht   und   hält_   für_ uns_   am   Him - mel_ Wacht.

Su su___ su   su su___ su   su___ su su___   su_ su su.   Als

Ve - nus___   hält sie   je - der - zeit   für   Lie - ben - de___   das

Glück_ be - reit zu_ ste - tig trau - ter Zwei - sam - keit.

Su su_ su su su_ su su_ su su_ su_ su su.

T: Gertrude Wohlrab/M: Andreas Mohr
© 2004 Schott Musik International, Mainz

Z Der Refrain sichert mit dem vordersitzfördernden stimmhaften *s* und dem Kopf-
stimmvokal *u* die Randschwingung. Eine empfindsame, schwingende Melodie
unterstützt im Refrain die weiche Tongebung und durchmisst in den Strophen allmählich immer weitere Lagen. Dadurch wird das Umschalten in das Brustregister
bei den abwärts führenden Passagen ebenso wirksam vermieden wie das Pressen
bei den hohen Tönen.

A Unbedingt stimmhaftes *s* benutzen!

109. Vielleicht

Rätselkanon zu vier Stimmen

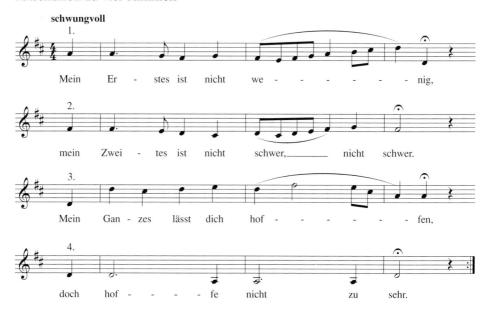

T: Friedrich Schleiermacher/M: Andreas Mohr
© 2004 Schott Musik International, Mainz

Z Die beiden ersten Zeilen üben die lockere, unverspannte Tongebung in der Mittellage mit stufengängiger, federnd aufwärts und abwärts führender Melodik. Die
3. Zeile schwingt sich hell hinauf, und die 4. Zeile springt schlank in die Tiefe.

Der einfache Kanon eignet sich auch gut als Einsinglied sowie für verschiedene
stimmbildnerische Einzelaufgaben (Parlando, Artikulation, Höhe, Tiefe).

A Trotz der sehr animierenden Melodie nicht schreien, sondern immer federnd und
mit viel Schwung singen.

110. Wiege – wage

Pentatonischer Kanon zu vier Stimmen

sanft schwingend

1. Macht die Sä - ge sie - ge, sa - ge, 2. macht_ die Wie - ge wie - ge, wa - ge,

5. 3. wie - ge, wa - ge macht_ der Wind, 4. in der Wie - ge schläft_ mein Kind.

T: volkstümlich/M: Andreas Mohr
© 2004 Schott Musik International, Mainz

Z Eine pentatonische Wiege-Melodie sowie randschwingungsfördernde Konsonanten und Vokale sind die Bausteine dieses einfachen Kanons für junge Kinder, mit dem sich die weiche Tongebung für die tiefe Lage gut erarbeiten lässt. Immer wieder kehrt die Melodie in die obere Mittellage zurück, um ein Abgleiten in das Brustregister wirksam zu verhindern.

Auch für den Vokalausgleich der hellen Vokale (*a, ä, e, i*) ist der Kanon gut geeignet.

A Leise und nicht zu schnell nehmen und die Zweierbindungen dicht aussingen. Bei der Einstudierung am besten mit der 3. Kanonzeile beginnen. Das Wiegemotiv der 2. Kanonzeile kann auch als Ostinato für den ganzen Kanon benutzt werden.

Weitere Lieder für Registerausgleich

Daumenkino 100	Gewitter 83
Dein doofes Cabrio 72	Ratte 125
Denn seine Gnade und Wahrheit 152	Swing 126
Die Stürme und Wellen 118	Vale 64
Frühstück à la Rossini 122	Wer Gutes tut 73

IX. Einsingkanons

Einsingkanons sind Stücke, die eine Reihe verschiedener stimmbildnerischer Beeinflussungsmöglichkeiten enthalten. Solche Lieder können zuweilen das Warmsingen zu Beginn einer Singstunde/Chorprobe zumindest teilweise ersetzen. Nach einer kurzen Vorbereitung des Körpers durch Bewegungs- und Atemübungen ist der Einsingkanon gut einsetzbar. Natürlich sind keine differenzierten stimmbildnerischen Leistungen zu erwarten wie von der hoch spezialisierten technischen Übung. Dafür zeichnen sich die Lieder durch bestimmte musikalische oder/und textliche Qualitäten aus, die Körper und Geist ganzheitlich zum Singen vorbereiten. Darüber hinaus haben sie meist einen stimmbildnerischen Schwerpunkt, der im Einsingen gut angewandt werden kann. Da es sich durchweg um Kanons handelt, sind mehrere stimmpädagogische Voraussetzungen, wie sie das Einsingen erfordert, von vorneherein erfüllt (zur Methodik und Didaktik siehe auch S. 15ff):

• Der Kanon ermöglicht trainierende Wiederholungen.
• Der Kanon fasst Einstudierungsvorgänge zusammen.
• Der Kanon baut sich aus kleineren Einheiten zu größeren Zusammenhängen auf.
• Der Kanon schafft Aufmerksamkeit für das musikalische Geschehen.
• Der Kanon zwingt zum Zuhören während des eigenen Singens.
• Der Kanon vereinheitlicht das Resonanz- und Registergeschehen.

Einsingen mit besonderer Aufmerksamkeit auf Lockerheit und leichte Tongebung

111. Bach- oder Regenbogenforelle

Kanon zu vier Stimmen nach Motiven von J. S. Bach

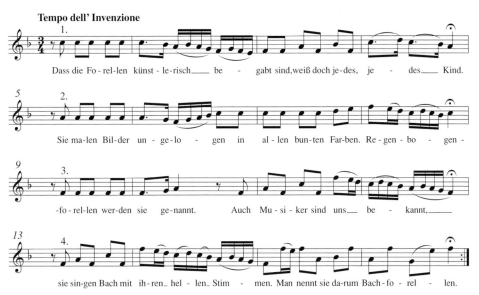

Dass die Fo - rel-len künst - le-risch____ be - gabt sind,weiß doch je-des, je - des____ Kind.

Sie ma-len Bil-der un - ge-lo - gen in al - len bun-ten Far-ben. Re-gen - bo - gen -

-fo - rel-len wer-den sie ge-nannt. Auch Mu - si - ker sind uns___ be - kannt,____

sie sin-gen Bach mit ih-ren_ hel - len_ Stim - men. Man nennt sie da-rum Bach - fo - rel - len.

T: Gertrude Wohlrab/M: Andreas Mohr
© 2004 Schott Musik International, Mainz

Z Parlando-Achtel, repetiert oder in federnden Sprüngen und lockere Sechzehntel-läufe kennzeichnen das musikalische Material, das Motive aus der 8. Invention von Johann Sebastian Bach verwendet. Der witzige Text wird rasch und locker dekla-miert, so dass die Stimmgebung leicht und unverspannt gelingen kann.

Für Artikulationslockerung und leichtes Erreichen höherer Töne ist dieser Kanon ebenfalls geeignet.

A Rhythmisch sehr genau singen. Alle Achtel *non legato* nehmen und die Sechzehn-telläufe federnd mit kleinen Bauchmuskulaturkontraktionen steuern. Wenn der Kanon zum morgendlichen Einsingen verwendet wird, sollte er zuerst nach Es-Dur oder D-Dur transponiert werden, damit sich die Stimmen allmählich an die hohe Lage gewöhnen können. Nach einigen Durchgängen kann das Stück dann in der Originaltonart erklingen.

112. Enttäuschung

Kanon zu sechs Stimmen

T: Georg Klippel/M: Andreas Mohr
© 2004 Schott Musik International, Mainz

Z Ein gemütlicher Kanon zum Warmsingen. Die Melodie der ersten Kanonzeile beginnt mit Schwung und durchmisst rasch den Oktavraum. Die zweite und dritte Zeile lockert die Stimme in der tieferen Mittellage, bevor die vierte Zeile wieder in eine höhere und deshalb gespanntere Mittellage zurückkehrt. Die beiden letzten Zeilen berühren erst die tiefe, dann die hohe Extremlage. Der Text ermöglicht ein lockeres, nicht zu schnelles Parlando mit dazwischen geschalteten kurzen Legato-Bindungen.

A Mit guter Atemhaltekraft beginnen, damit die Töne nicht überluftet klingen. Immer leicht und locker singen, besonders in den letzten beiden Kanonzeilen nicht drücken oder pressen.

113. Im Himmel

Kanon zu vier Stimmen

fröhlich und mit Schwung

1. Im— Him - mel, im— Him - mel, da ist— es gut sein,—

2. sie— es - sen die— We - cken, sie trin - ken den Wein.—

3. Sie tan-zen und sprin-gen und lo - ben Gott,—

4. der Him - mel und Er - de er-schaf - fen hat.—

T: volkstümlich/M: Andreas Mohr
© 2004 Schott Musik International, Mainz

Z Tänzerische Leichtigkeit, schwungvolle Sprünge, duftige Staccati und Parlando-Läufe kennzeichnen den musikalischen Charakter des Kanons, dessen Text die ausgelassene Fröhlichkeit unterstützt. Stimmbildnerisch lassen sich diese Eigenschaften besonders auch für Vordersitz, Höhentraining und Zwerchfellspannung nutzen.

A Sehr leicht und federnd singen, auf den langen Tönen nicht kleben bleiben.

114. Irrtum

Kanon zu vier Stimmen

verträumt

1. Ein Nix - lein wiegt bei Mon - den - schein sich sanft im Mee - res - schau - me,

2. es liegt ganz leicht und schläft bald ein, ver - liert sich tief im Trau - me.

3. Ein Fi - scher hat es wohl ge - sehn und schwimmt ganz lei - se nä - her.

4. Ent - brannt will er sie an sich ziehn. Die See - kuh kann grad noch ent - fliehn!

T/M: Gertrude Wohlrab und Andreas Mohr
© 2004 Schott Musik International, Mainz

Z Ein Parlando-Kanon zum Warmsingen. Die geschwungene Melodik der beiden ersten Zeilen bereitet die Stimme für die hohen Staccato-Töne der 3. Zeile vor, bei denen das Zwerchfell gut gespannt gehalten werden kann. Der Text mit dem verblüffenden Schluss fördert den Spaß am Singen.

Natürlich unterstützt der Kanon auch den Vordersitz und die schlanke, mittelstimmige Klanggebung.

A Die Staccati in der dritten Zeile ohne Härte, aber auch nicht überhaucht singen. Der ganze Kanon sollte nicht laut, sondern mit elastisch federnder Stimme gesungen werden.

115. Morgenstund hat Gold im Mund

Kanon zu drei Stimmen

T: Sprichwort/M: Friedrich Silcher
© 1999 Schott Musik International, Mainz

Z Eine weich fließende Melodie mit Seufzerbindungen und ein Text mit häufigem Vorkommen der Vokale *a, o* und *u* zeichnen diesen Kanon als Studie für weiche Tongebung, Mundraumresonanz, Vokalausgleich, Randschwingung und gleichmäßig fließenden Atem aus.

A Sehr *legato* singen und mit gut gebundenen Vokalen. Vor allem auf die unbetonten Endsilben auf dem jeweils dritten Taktteil achten: diese dürfen auf keinen Fall betont sein.

Einsingen mit besonderer Aufmerksamkeit auf die tiefe Lage

116. Das Wetter
Kanon zu vier Stimmen

T: Georg Klippel/M: Andreas Mohr
© 2004 Schott Musik International, Mainz

Z Mit lockerem Parlando beginnt dieser Kanon in der Mittellage der Stimme, springt ganz kurz einen höheren Ton an, um sich dann der unteren Mittellage zu nähern. In der letzten Kanonzeile werden einige tiefe Töne erreicht, jedoch nicht ohne vorher noch einmal die schlanke Stimmfalteneinstellung mit einem hohen Ton gesichert zu haben. Das melodische Geschehen bleibt dabei immer fließend und durch die vielen Achtelläufe locker, so dass die Stimmgebung auch in der Tiefe schlank und mit Randschwingung durchmischt bleiben kann.

A Federnd elastisch und in mittlerer Lautstärke singen. Die hohen Töne nicht „anstechen" und die tiefen Töne nicht herauszwingen wollen.

Einsingen mit besonderer Aufmerksamkeit auf die hohe Lage

117. Ein Hoch dem Geistesblitz

Kanon zu vier Stimmen

T: Georg Klippel/M: Andreas Mohr
© 2004 Schott Musik International, Mainz

Z Mit federnden Punktierungen und tänzerischen Synkopen wird die Stimme locker schwingend zum Singen gebracht. Eine eher langsam und im Legato fortschreitende zweite Kanonzeile sorgt für Ruhe und Stabilität in der Mittellage. Bevor die letzte Zeile schwungvoll in die hohe Lage der Singstimme führt, wird noch einmal mit abwärts gehender Melodie entspannt.

A Mit Freude und Schwung singen, jedoch nicht übermütig werden. Gerade die hohe Lage der Stimme bedarf einer lockeren und elastischen Gesamteinstellung aller beteiligter Muskulaturen.

118. Frühblüher

Kanon zu vier Stimmen

T: Gertrude Wohlrab/M: Andreas Mohr
© 2004 Schott Musik International, Mainz

Z Die drei ersten Kanonzeilen bewegen sich im Oktavraum mit weitgehend abwärts führenden Melodien und bereiten die Stimme für den schwungvollen Anstieg in der letzten Zeile vor. Der Text animiert zu kraftvollem Gebrauch der Stimme ohne jedoch zu übermäßiger Muskelanspannung zu verführen.

A Die ersten drei Kanonzeilen werden *parlando* gesungen. Zum leichteren Erreichen des hohen Tons in der Schlusszeile sollte hier mehr *legato* gesungen werden, besonders in den letzten beiden Takten. Das Wort *kommt* auf dem hohen *fis* mit gut gelängtem offenen *o* singen und nicht zu früh die Konsonanten *mmt* bringen. Ältere Kinder und Jugendliche singen bei diesem Kanon jeweils eine Zeile auf einen Atem, jüngere können in den Sinnpausen des Textes atmen.

Einsingen mit besonderer Aufmerksamkeit auf den Vokal A

119. Als ich früh erwachte
Kanon zu drei Stimmen

T: volkstümlich/M: Gertrude Wohlrab und Andreas Mohr
© 2004 Schott Musik International, Mainz

Z Schwungvolle, ausgreifende Melodiezeilen vermitteln zusammen mit dem spaßigen Text sofort Musizierfreude. Verschiedene Singweisen wechseln sich ab: Vorwärts drängende Dreiklangsbrechungen, bedächtiges Stufenlegato, schwungvolle Tonleiterkoloraturen sowie karikierende Staccati und Repetitionen. So wird die Stimme gut auf die verschiedenen Anforderungen vorbereitet.

A Die Singgruppe vorher mit einigen Bewegungs- und Atemübungen vorbereiten, damit die notwendige Zwerchfellbeweglichkeit vorhanden ist. Die tieferen Töne in der 1. und 2. Kanonzeile immer wieder leise nehmen, damit die Koloratur mit Schwung gesungen werden kann.

Einsingen mit besonderer Aufmerksamkeit auf Zwerchfellaktivität

120. Schlammspringer

Kanon zu vier Stimmen

T: Gertrude Wohlrab/M: Andreas Mohr
© 2004 Schott Musik International, Mainz

Z Verschiedene Sprünge sowie Chromatik kennzeichnen die Melodie, die jedoch in der 1. Kanonzeile erst einmal eine leichte, lockere Singweise fördert. So vorbereitet gelingen die Oktavsprünge federnd und die Punktierungen tänzerisch. Die Halbtonschritte in der 4. Kanonzeile erfordern eine gute Zwerchfellhaltespannung, die durch die Punktierungen in der 3. Zeile trainiert wird.

A Einige Resonanzübungen oder ein entsprechendes Lied sollten die Stimme für diesen Kanon vorbereiten, damit die Sprünge nicht zu hart gesungen werden.

Einsingen mit besonderer Aufmerksamkeit auf Intonation

121. Die Töneschlange

Kanon zu drei Stimmen (auslaufend)

T/M: Rudolf Nykrin
© Rudolf Nykrin

Z Einsingkanon für junge Kinder. Die stufengängige Melodie kann auch durch Körperbewegungen mitvollzogen werden.

A Aufmerksam Ton für Ton formen, wahrnehmen und im Zusammenklang hören, aber nicht zu langsam singen, weil sonst der Tonleiterzusammenhang verloren gehen kann.

Einsingen mit besonderer Aufmerksamkeit auf Registerausgleich

122. Denn seine Gnade und Wahrheit

Kanon zu fünf Stimmen

T: Psalm 117, 2/M: Orlando di Lasso
© 1999 Schott Musik International, Mainz

Z Ein Legato-Kanon für Ältere. Die lang geschwungenen Melodien durchmessen den gesamten Tonumfang von der oberen Mittellage bis in die Tiefe und sind gut geeignet, die tiefe Lage mit schlanker Mittelstimme zu erreichen. Lange Melismen auf *a* und *e* fordern sorgfältige Vokalformung und dienen so dem Vordersitz.

A Immer eine ganze Kanonzeile auf einen Atem singen. Die Melismen gut binden, keinesfalls die Töne durch *h* trennen.

123. Rock my soul (Spiritual)

Kanon zu drei Stimmen

1. Rock my soul in the bo-som of A - bra-ham, rock my soul in the bo-som of A - bra-ham, rock my soul in the bo-som of A - bra-ham, oh rock my soul.

2. So high I can't get o - ver it, so low I can't get o - ver it, so wide I can't get round of it, got - ta com - in' at the door.

3. Rock my soul, rock my soul, rock my soul, oh rock my soul.

T/M: mündlich überliefert
© 1999 Schott Musik International, Mainz

Z Der Kanon animiert zum kraftvollen Singen in der tiefen Mittellage. Besonders bei den Sprüngen von f^1 nach c^1 kann in Brustregister umgeschaltet werden, wenn nicht sorgfältig darauf geachtet wird, den ganzen Kanon mit der federnden Leichtigkeit des „Swing" zu singen.

A Man beginne am besten mit der mittleren Kanonzeile und erübe zunächst das „Swingen". In der ersten Zeile sollte das mittlere Melodiemotiv quasi als Echo gesungen werden, um Bruststimmigkeit zu vermeiden.

Weitere Einsingkanons

Übersicht über die stimmbildnerischen Einsatzmöglichkeiten

Lockerheit

Melodie mit repetierten Tönen

Alphabetisches Verzeichnis der Lieder und Kanons